대중적 감수성의 탄생

도박, 백화점, 유행

차례

Contents

식민지 조선의 마지막 출구, 도박

지금까지 일제 강점기는 주로 민족주의적인 관점에서 바라보았던 것 같다. 그래서인지 일제강점기 하면, 수탈당한 우리 농민이 떠오르고, 민족의 독립을 되찾기 위한 독립투사들의 치열한 노력이 생각난다. 그래서 '식민지 조선'은 늘 고통으로 점철되어 있는 공간이자 항상 참담한 현실만이 펼쳐져 있었던 곳이었다고 느껴졌다.

그러나 일제 강점기라고 해서 그 공간이 늘 고통으로 점철되어 있지만은 않았다. 그 시기에도 사람들은 서로 만나 사랑했고 함께 차 마시며 연애하고 영화를 관람했다. 또 어떤 이는 갑자기 불어 닥친 황금열에 편승하여 벼락부자가 될 꿈에 달떴으며, 또 어떤 이는 진고개의 화려한 야경 앞에서 부나비처럼 근대적인 소비를 향유하기도 했다. 바로 이러한 모습들도 분명히 식민지 시대 우리 민족의 삶의 모습 가운데 하나였다.

농사밖에 모르던 순박한 농군들이 어느 틈에 도박이나 부동산 투기, 주식과 비슷한 미두 등으로 일확천금을 꾀하게 되었고, 도회의 여성들은 백화점이 쏟아내는 상품의 환각 속에 빠져들게 되었다. 쇼윈도우와 각종 잡지, 그리고 영화가 선도하는 유행을 허겁지겁 따라가게 되었다. 그렇게 식민지 조선의 사람들은 근대와 만났고 그러면서 조금씩 변해갔다. 이와 같은 변화는 특히 무엇보다도 한반도의 중심이었던 경성의 근대적, 자본주의적 발달로 인해 촉발된 것으로, 당대인의 삶의 형태와 심성은 이로부터 일정 정도의 영향을 받으며 근저에서부터 바뀌었던 것이다.

사람들의 삶과 세계를 바라보는 시각은 새로운 대중문화에 의해 조금씩 변화되어 갔다. 이 시기 도시 대중의 감수성은 비록 초보적인 것이기는 하지만 현재를 살아가는 우리들의 심성과 크게 다르지 않은 것이었다. 그러한 심성의 발현 형태가 바로 당대의 시와 소설들에 녹아있다. 이 글에서는 그렇게 변해가는 우리의 삶의 모습과 심성의 변화를 당대의 시와 소설, 그리고 대중잡지에 실린 짤막한 글들을 통해 살펴보려고 한다. 당대인의 심성과 삶의 형태 변화를 당대 도시의 풍속과 문화에 대한 미시적 분석을 통해 살펴보고자 한다.

놀이와 도박 그리고 자본주의

남보다 빠르게 성공을 이루고자 하는 환상, 노동과 축적에 의거하지 않고 비상식적인 방식으로 부를 획득하려는 열망, 이와 같은 성향이 인간에게 남아있는 한 도박의 문제는 끊임없이 불거져 나올 것 같다. 최근에 우리 사회에 불고 있는 '로또'라는 복권의 열풍을 단순히 일주일을 즐겁게 보내는 놀이의 일종으로 보기 힘든 것은 그 배후에 똬리 틀고 있는 도박적인 성향 때문이다.

이제 사람들은 부의 불평등한 배분에 익숙해졌다. 사회의 일부에서는 넘쳐나는 부를 주체하지 못해 쩔쩔매는 반면, 또 일부에서는 최저 생계를 위해 하루 종일 노동에 몸을 팔아야 하는 것을 잘 알고 있다. 몇몇 소수를 제외하고는 막대한 부를 축적할 수 있는 상위계층으로 올라가기 어렵다는 것을 알고 있다. 또 도덕성과 성실성만으로는 항상 생활문제에 허덕거리며 살아야 한다는 것도 역시 알고 있다. 이럴 때 아주 미약하지만 한줄기 빛으로 다가오는 것이 한번의 요행으로 인생을 역전할 수 있다는 로또의 꿈이 아닐까 싶다.

도박은 원래 놀이에서 파생되었다. 놀이는 인간의 본성에 속하며 놀이하지 않는 인간이란 없다. 모든 도박은 게임과 연관이 높으며 언제나 게임, 놀이의 영역 속에 속해 있었다. 그 때문에 도박은 현대만의 특유한 현상이 아닌 것이다. 희랍신화에서 제우스, 하디스, 포세이돈은 주사위를 던져 우주를 천국과 지옥 그리고 바다로 나누었다고 하지 않는가. 인류학자들에 따르면 인간은 최소한 6,000년 전부터 우연한 사건에 내기를 걸었다고 한다. 복권의 효시 역시 고대 로마로 거슬러 올라가며, 로마가 멸망한 열 가지 이유 중의 하나가 도박의 융성 때문이라고 전해지는 것을 보면 도박은 인간성의 깊숙한 곳에 자리 잡은 본능이나 다름없다고 생각할 수도 있을 것이다.

우리나라에서도 삼국 시대부터 도박에 관한 언급을 찾아볼 수 있다. '바둑'과 '투호(화살을 병 속에 던져 넣는 놀이)', '쌍륙', '장기' 등의 다양한 놀이들이 도박의 형태로 변질되었다는 기록을 찾아볼 수가 있다. 또 고려시대에는 '골패'가 중국 송나라에서 수입되어 조선시대까지 '투전'과 더불어 민간 노름의 쌍벽을 이루었다고 한다. 그러다가 조선시대 말기 일본에서 화투가 전파되면서 화투가 투전을 빠르게 대체해 나갔다.

이런 역사적인 사정을 살펴보면 도박은 흥미진진한 놀이의 하나라고 파악할 수도 있다. 그러나 우리가 문제 삼아야 할 것은 바로 자본주의적인 사회에서의 도박이다. 즉, 도박이 단순한 놀이와 향락이 아니라 적극적인 생계의 수단 혹은 성공의 도구로 파악되는 상황은 이 땅에 자본주의적 경제체제가 도입되었던 시기부터 이미 시작되고 있었다.

개항과 더불어 우리나라에 전래된 자본주의 경제활동은 하나의 충격이었다. 전근대적인 생산방식, 즉 농업의 전통 속에서 살아가던 조선의 대중들에게 일본에 의해 강요된 자본주의적 경제체제는 일종의 우주적 변이에 가까웠다고 할 수 있을 것이다.[1)] 소설가 박노갑이 그의 장편 『사십년』에서 해방 이후 회고한 바대로 일제의 악덕은 집달리에 의해 가장 먼저 현실적으로 체험하게 되었다. 몇 장의 문서와 간단한 포고령만으로 평소 갈아먹던 논이나 오순도순 살아가던 집이 남의 손에 넘어가는 체험은 조선 사람들에게 실로 어이없고 잔혹하기 짝이 없는 행위로 비쳐졌던 것이다.

이러한 새로운 경제체제, 제도의 도입은 습속의 변화를 강요하게 된다. 그 습속에 발 빠르게 적응하는 이는 그 변화가 기회가 되지만, 그렇지 못한 사람에게는 몹시 부조리한 세계로 인식되게 마련이다. 이처럼 정신과 몸에 새겨진 습속은 전근대적인 삶의 양식을 따르지만, 외부의 세계는 근대적인 방식으로 운영될 때 사람들이 일차적으로 보여주는 행태는 운명적인 삶의 태도다.

까이유와의 분류[2)]에 따르면 '알레아'의 영역에 속하는 '도박'의 문제가 식민지 시기의 한국 소설에 나타난 사회의 과도기적 성향을 드러내는데 중요한 이유는, 그와 같은 운명적인 삶의 태도와 결부된 '놀이'의 타락 때문이다. '놀이'라는 것은 현재 실생활의 정상적인 상태인 혼란을 완벽한 상황으로 대체하려는 시도이다. 근대사회 이전에는 체계적인 규칙이 중요시되는 아곤이나 알레아보다 덜 규칙적이지만 활력이 넘치는 미미크리나 일링크스가 사회를 대변했다. 그러나 근대사회로 올수록 놀이에서 아곤과 알레아가 차지하는 비중은 점점 더 늘어갔다. 특히 과도기적인 사회에서는 우연놀이, 즉 알레아가 예상 밖의 문화적 중요성을 가지게 된다.

과도기사회란, 가면과 홀림의 결합된 힘에 의해서 더 이상 지배되지 않지만 규칙 있는 경합과 조직화된 경쟁이 기본적인 역할을 하는 제도에 기초를 두고 있는 집단생활에는 미처 도달하지 못한 사회를 말한다. 어떤 사회가 완만하게 변화하는 것이 아니라 다른 민족들과의 접촉에 의해서, 아니면 그 민족들에게 지배당하는 것에 의해서, 사람들이 미미크리와 일링크스 상태의 영향력에서 갑자기 벗어나는 경우, 그 사회의 주민들이 완전히 새로운 법에 복종할 것을 강요당하는 것으로 느껴진다. 하지만 그들은 그것을 받아들일 준비가 전혀 되어있지 않다. 비약이 너무 급격하기 때문이다.

이런 경우 과도기사회의 양식을 결정하는 것은 바로 아곤이 아니라 알레아이다. 지금까지 그들에게 기본적이었던 가치들은 더 이상 유효하지 못하기에 운명의 결정에 몸을 맡기는 숙명적인 태도가 주도적인 양상으로 드러나게 된다. 보다 정확하게 말하면, 행운과 초자연적인 주술적 사고가 결합된 태도로 변화된 세상을 받아들이고자 하는 것이다.

이럴 때 도박은 결국 무사태평하고 열정적인 이 사람들의 신앙, 지식, 관습, 야심을 지배하기에 이른다. 그들은 달라진 사회에 적응하지 못한다. 때문에 그들은 사회의 주변부에서 영원한 아이로서 보람 없이 살아가게 되고, 그리하여 우연놀이는 습관이자 제2의 천성이 된다.

이런 관점에 서면, 우리는 식민지 시기의 순박한 농민들이 도박판을 기웃거리게 되는 까닭과 머슴에서 중매점 점원, 경찰, 사장 그리고 지식인, 교육자들이 미두로 인해 패가망신하는 이유, 그리고 1930년대에 몰아닥친 황금의 광풍이 매우 밀접하게 관련되어 있음을 짐작할 수 있다.

노름 – 과도기 사회의 운명적인 삶의 태도

「봄봄」이나 「동백꽃」과 같은 단편소설로 유명한 작가 김유정의 소설에 나오는 주인공들은 기존의 연구에서 다루어지는 우직한 농민들이 아니다. 그들은 농군의 심성을 상실한 사람들이다. 자본주의라고 하는 새로운 경제체제의 도입과 더불어 변화된 세상 속에서 우왕좌왕하는 군상들이라고 보는 것이 적절할 것이다. 김유정의 소설들은 전근대적인 경제체제에서 살아가던 순박한 사람들이 자본주의적 경제체제의 충격 속에서 어떤 반응을 일으키는가에 대한 희극적 과장을 통한 소묘이다.

단편 「소나기」(『조선일보』, 1935.1.29~2.4., 6회 연재)의 주인공 춘호의 경우를 살펴보자. 빚쟁이들에게 몰려 집과 세간을 내버리고 알몸으로 고향을 떠난 춘호가 구상하는 미래에 대한 계획은 비상식적이다. 그는 아내의 매춘을 통해 도박밑천을 마련하고 그 밑천으로 도박을 해서 한몫 잡은 후에 서울로 올라가서 살고자 한다. 주인공 춘호는 바뀐 경제체제로 인해 기존의 방식으로는 살아갈 수 없다는 사실을 잘 알고 있다. 즉, 농사를 지어서는 먹고 살 수 없음을 체험을 통해 깨닫고 있다. 그러나 축적의 중요성은 알고 있다. 춘호에게는 이상적인 공간인 서울에 올라가서 내외가 열심히 노동을 해서 돈을 모아 행복하게 살겠다는 꿈이 있다. 이런 상황에서 농사 외에 노동의 방법을 알지 못하는 춘호가 기댈 수 있는 유일한 출구는 '노름'을 통한 돈의 획득이다.

엄밀한 의미에서 춘호는 더 이상 농민이 아니다. 전통적인 농민에게 있어서 노동은 본래의 목적이 아니고, 그 자체로 덕도 아니다. 사실 전통적인 농업공동체 속에서는 노동의 결과 수익성이 있느냐가 중요한 문제는 아니다. 단지 무위도식하는 나태한 자와 근면하게 일함으로써 공동체에 대한 의무를 수행하는 자의 차이가 있을 뿐이다. 따라서 수익성과 수확고, 생산성에 대한 강박관념이 없이 노동은 그 자체로 중시되었다. 그러나 춘호의 경우는 이와 같은 농민의 심성에서 이미 벗어나 있다.

김유정의 다른 단편, 예를 들어 「솟」(『매일신보』, 1935.9.3~9.14, 10회 연재)이나 「총각과 맹꽁이」(『신여성』, 1933.9) 등의 작품에도 이와 같은 농민들의 '노동'에 대한 불신이 잘 드러나 있다. 「솟」의 주인공 근식만 하더라도 이미 농사를 지어 살아가겠다는 생각은 접은 지 오래다. 그 때문에 그에게는 농민회의 강연도 '새까먹는 소리'가 되고 신작로를 닦는 일도 기피대상이 된다. 그 대신 근식의 머릿속에는 술병을 들고 다니며 몸을 파는 이동식 작부 들병이를 따라다니면서 무위도식할 생각뿐이다. 「총각과 맹꽁이」의 순박한 주인공 덕만도 외면적으로는 성실한 농군의 면모를 보이지만 내심 농사를 짓느니 들병이와 결혼하여 술장사하기를 더 희망한다.

> 응칠이는 그 속으로 들어서며 무서운 눈으로 좌중을 한번 훑어보았다. 그런데 재성이도 그 틈에 끼어 있는 것이 아닌가. 사날 전만 해도 응칠이더러 먹을 양식이 없으니 돈 좀 취하라던 놈이, 의심이 부쩍 일었다. 도적이란 흔히 이런 노름판에서 씨가 퍼진다. 고 옆으로 기호도 앉았다. 이놈은 며칠 전 제 계집을 팔았다. 그 돈으로 영동가서 장사를 하겠다던 놈이 노름을 왔다. 제깟 주제에 딸 듯 싶은가. 하나는 용구. 농사엔 힘 안 쓰고 노름에 몸이 달았다. 시키는 부역도 안 나온다고 동리에서 손두를 맞은 놈이다. 그리고 남의 집 머슴 녀석, 뽐을 내고 멋없이 점잔을 피우는 중늙은이 상투쟁이. 이 물건은 어서 날아 왔는지 보도 못하든 놈이다. 체 이것들이 뭘 한다구.[3)]

「만무방」(『조선일보』, 1935.7.17~7.30, 13회 연재)에 제시된 노름꾼들의 면면과 내력에 대한 묘사이다. 이 대목에서도 우리는 노동을 방기하고 노름에 빠져드는 인물들을 찾아볼 수 있다. 이런 대목으로 볼 때, 김유정의 소설에서 등장인물들이 보여주는 도박습성은 삶을 위한 발버둥이라고 보기 힘들다.

최소한의 생존을 위해 몸부림치는 주인공의 모습이라는 설명은 어딘가 부족한 면이 있는 것이다. 그보다는 새로운 경제제도가 도입된 '털갈이하는 사회', 즉 과도기 사회의 구성원들이 보여주는 행위의 한 단면을 드러내는 인물들이라고 보는 것이 더 적절하다. 전통적인 사회에서 공인받던 농민적 에토스에서의 '노동'은 더 이상 변화된 사회를 살아갈 수단이 되지 못했다. 그렇다고 새로운 경제체제가 요구하는 합리적인 미래의 전망이 가능하지도 않는다. 앞에서 소개한 작품의 주인공들이 빠져드는 도박은 그들의 행위와 사고가 새로운 경제체제에 적응하지 못함으로 인해 만들어지는 지체현상이라고 봐야 할 것이다.

개항 이후부터 지속적으로 조선에 전파된 새로운 경제체제는 1930년대에 오자 외형적으로는 자리 잡힌 것처럼 보였다. 경성은 근대적인 도시의 위용을 갖춰가고 있었고, 도시 중심에는 근대적인 교통수단인 버스와 전차, 자동차들이 지나다녔다. 백화점을 비롯한 여러 상점들이 즐비하게 늘어서서 밤에는 불야성을 이루었다. 그렇지만 그것은 부분에 지나지 않았고, 구성원들의 몸에 새겨진 습속은 아직도 과도적인 상태에 불과했던 것이다.

김유정은 노름을 주변적인 사회현상으로 보면서도, 노름에 대해서 도덕적으로 단죄하거나 부정적인 비난을 하지 않는다. 그렇다고 긍정하지도 않는다. 그 까닭은 그것이 당대의 농민들이 취할 수밖에 없는 삶의 태도 그 자체였기 때문일 것이다.

전통적인 농업사회에서 존중받는 노동의 형태로는 새로운 경제 체제 하에서 속수무책이었기 때문에 취하게 되는 태도가 노름이요, 일확천금 바라기요, 아내팔기였기 때문인 것이다.

유사도박 – 자본주의 경제체제의 자그마한 틈새

화투나 투전, 마작 등만이 도박은 아니다. 요행을 바라며 내기에 판돈을 거는 것은 모두 도박에 포함된다. 김유정 소설에 등장하는 도박의 양상은 그 규모도 작고, 일종의 대안적인 성격이 강하다. 농업, 혹은 전통적인 노동으로 살아갈 수 없다는 것을 깨우친 하층 프롤레타리아 계층이 어쩔 수 없이 택한 수동적인 선택의 측면이 강한 것이다. 반면, 좀더 적극적으로 운명을 거는 '도박'을 감행하는 인물들을 우리의 소설에서 찾아볼 수 있다.

김유정 소설의 주인공들이 뛰어드는 '노름'은 사회에서 불법적으로 간주되는 도박이다. 일제의 치안당국도 암암리에 행해지는 도박은 단속을 통해 처벌했다. 반면, 이제 살펴볼 이태준의 「복덕방」(『가마귀』, 한성도서, 1937)이나 채만식의 『탁류』(『조선일보』, 1937.10.12~1938.5.17)에서 나타나는 도박의 양상은 사회에서 합법적인 것으로 간주되는 공식적인 영역을 도박의 형태로 변질시킨 경우에 해당된다.

먼저 「복덕방」을 살펴보자. 이 작품에는 부동산 투기의 문제가 다루어진다. 주인공 안초시는 드팀전을 하다가 실패하고 또 집을 잡혀서 장전을 내었다가 들어먹고 유명한 무용가인 딸 안경화에게 얹혀서 살아가는 인물이다. 성공한 딸이 있기에 적어도 먹고 사는 문제에 있어서만큼은 자유로운 인물이다. 따라서 그의 욕망은 김유정 단편의 주인공들보다는 더욱 자본주의적이다. "어떻게 해서나 더 늙기 전에 적게 돈 만 원이라도 붙들어 가지고 내 손으로 다시 한번 이 세상과 교섭해 보고 싶었다. 지금 이 꼴로서야 문화주택이 암만 서기로 내게 무슨 상관이며 자동차, 비행기가 개미떼나 파리떼처럼 퍼지기로 나와 무슨 인연이 있는 것이냐……"(『해방전후 外』, 한국문학대계, 동아출판사, 1995, p.129) 안초시의 이와 같은 생각은 자본주의적 경제체제가 도래하면서 가져다준 욕망의 결과물이다. 안초시는 이와 같은 욕망을 불법적인 도박판이 아니라 엄연히 제도 속에서 용인 받고 있는 투자-실제로는 투기의 형태이지만-를 통해 성취하고자 한다.

안초시는 친구인 박희완 영감을 통해 황해 연안에 제2의 나진이 개발되리라는 정보를 얻게 된다. 지금은 관청 내에서만 알 수 있지만 불원간 당국의 공표가 있으리라는 것이다. 나진의 경우에도 오륙전하던 땅이 개항된다는 소문이 나자 100배, 어떤 요지는 1,000배까지 올랐다는 것을 알고 있던 안초시는 딸을 설득해서 그 땅을 사게 한다. 그러나 모든 일은 순전히 안초시의 꿈에 지나지 않았을 뿐임이 판명된다. 박희완 영감이 사기꾼에게 속아서 실제로는 개발이 이미 포기된 땅을 마치 개발될 것처럼 안초시에게 전했던 것이다. 결국 안초시와 그의 딸은 그 말에 넘어가 신탁회사에서 빌린 삼천 원을 모두 날리게 되고 안초시는 자살하게 된다.

안초시는 인생에서의 실패로 인해 영락했지만, 한 번의 투사로 그 실패를 만회하고자 했다. "안초시가 다시 주먹구구를 거듭해서 얻어 낸 총액이 일만 구천 원, 단 천 원만 들여도 일만 구천 원이 되리라는 셈속이니, 만 원만 들이면 그게 얼만가?"(p.122) 이와 같은 생각이 안초시를 부동산 투기로 달려가게 했다. 현실에서는 모든 사람들이 부를 축적하는 기회를 만날 수 없다. 아주 좁은 틈새를 제외하고는 늘 돈이라는 문제에 부대끼며 살아야 하는 것이 바로 자본주의적인 사회다. 그러나 그 대신 단 한번의 기회를 통해서도 수직 상승을 할 수 있는 실낱같은 기회를 마련해놓고 있다.

도박판에서 얻을 수 있는 보상의 가능성은 적지만 성공했을 때 주어지는 값어치는 암울한 현실이나 그동안의 실패를 만회할 수 있을 만큼 강력해 보인다. 손실이 누적될수록 크고 화려한 보상에 대한 소망은 더욱 강렬해지고 불확실한 '대박'의 매력은 점점 더 커지는 것이다. 하지만 도박자의 확신과 희망은 애초부터 임의적으로 잘못 선택한 정보와 왜곡된 추론과정, 막연한 희망에 기초한 것이다. 도박자의 잘못된 기대는 합리적인 계산과 추론에 의거하여 작동하는 것이 아니며 강렬하고 충동적인 감정과 소망, 도박의 근본원리에 대한 잘못된 이해, 사고와 판단과정의 오류에 의해 불러일으켜지는 것이다.[4] 「복덕방」의 안초시는 단 한번의 수직상승에 대한 기대와 소망으로 인해 잘못 선택한 정보와 왜곡된 추론으로 그토록 막연한 투자를 감행했던 것이다. 이와 같은 안초시의 모습은 자본주의적 경제체제라는 외양, 즉 토지에 대한 투자를 통한 이윤추구의 행위 뒤에 숨어있는 도박적인 성향을 잘 드러내 보여준다.

보다 더 자본주의적 경제체제 속에 깊이 침투한 경우가 바로 채만식이다. 그의 『탁류』에는 오늘날의 선물거래와 유사한 '미두'가 자세하게 소개되어 있다. 『탁류』는 군산의 미두장을 둘러싼 다양한 인간 군상의 욕망과 부침을 탁월하게 형상화해 놓은 채만식의 대표작이다. 『탁류』를 '미두'라는 공간에 역점을 두어 분석한 한수영의 조사에 따르면, '미두'란 '미두장(米豆場)'의 준말이며, 일제 강점기 인천, 군산, 부산 등 굴지의 쌀 이출항에 개설되었던 곡물거래시장을 두루 아우른 말이다. 동시에 좁게는 '미두취인소(米豆取引所)'를 중심으로 이루어지는 '현물 및 선물거래소'를 일컫는다. 문제가 되는 '미두'는 이 '미두취인소'에서 횡행했던 투기다. 원래 미두취인소는 미곡 품질과 가격의 표준화를 꾀하고, 미곡 품질의 개량화를 촉진하며, 조선 각지에 흩어져 활동하는 미곡 수집상들에게 미곡 가격의 동향을 정확히 알려주어 구매 과정에서의 손실을 최소화하고, 나아가서는 한국과 일본의 무역에 도움이 되고자 하는 것이었다.[5] 그러나 이러한 순기능에도 불구하고 『탁류』에서 나타난 것처럼 심각한 역기능, 즉 '투기'의 문제가 발생하게 되었다.

선물거래의 일종인 미두는 자본주의 시장경제에서는 '투자'에 해당한다. 하지만 '투자'와 '투기'는 엄밀한 의미에서는 구분되지 않는다고 할 수 있다. 그러나 수익발생에 대한 합리적인 계산과 전망 없이, 그리고 투자를 위한 자본이 아니라 자신이 가진 것을 거의 쏟아 붓는 태도는 투자가 아닌 '투기', 즉 요행을 바라는 도박에 해당한다고 볼 수 있을 것이다.

『탁류』의 배경이 되는 1930년대 중반에는 횡재를 꿈꾸는 사람들이 미두장에 넘쳐나기 시작했다. 그러나 미두에 대한 전문적인 지식과 정보가 없던 조선인들은 재산을 탕진하고 하루아침에 알거지 신세로 전락하는 일이 많았다. 당시 한 경제 평론가에 따르면 그시기 한국인들은 점을 치거나 괘(卦)를 보고 시세를 예상하는 등 대단히 비과학적이고 주술적인 방법에 의지해 미두를 하고 있었다고 한다.[6]

> 조금치라도 관계나 관심을 가진 사람은 '시장(市場)'이라고 부르고, 속한(俗漢)은 미두장이라고 부르고 그러고, 간판은 '군산미곡취인소(群山米穀取引所)'라고 써부친 이 공인도박장(公認賭博場). 집이야 낡은 목제의 이칭으로 헙수룩하니 보잘 것이 없서도 이곳이 군산의 심장인데는 갈데없다. 여기는 치외법권이 잇는 도박군의 공동조계(共同租界)요, 인색한 몬테카로로다.[7]

당대 사회를 예리하게 관찰한 채만식의 눈에 미두장은 갈데 없는 도박판이었을 뿐이다. 물론 소설 속에 등장하는 장형보라는 인물처럼 미두장을 통해 한 밑천 잡는 인물이 없었던 것은 아니다. 『탁류』에서 장형보는 태수가 포기한 50~60원을 가지고 미두를 해서 수백 원을 만들어 장사 밑천을 만든다. 당시 신문기사를 보면, 증권거래와 미두거래를 통해 큰 돈을 번 '조준호'라는 인물이 소개되어 있기도 하다.

하지만 그런 경우는 극히 예외적인 경우일 뿐이다. 군서기를 하다가 미두꾼을 거쳐 하바꾼으로 전락한 정주사와 같이 몰락해가는 삶 속에서 미두를 통해 삶의 방편을 찾는 사람들이나 인텔리에 속하면서도 홍청망청 삶을 살다 그것을 한번에 만회하려고 미두에 손을 대서 결국 파멸하는 고태수와 같은 사람들이 당시 조선의 미두장에는 들끓었던 것이다. 이들처럼 숙명적인 태도와 우연에 기대는 심리를 가진 많은 사람들은 때로는 「복덕방」의 안초시처럼 부동산 거래를, 또는 『탁류』의 정주사나 고태수처럼 미두시장을 유사도박의 한 형태로 변형시켰다. 외형적인 경제체제의 정비에도 불구하고, 그 속을 살아가는 사람들의 행동양식은 여전히 그 체제와 충돌하면서 적응하지 못하고 있었던 것이다.

제도화된 도박 – 욕망의 관리된 배출구

수익 발생에 대한 합리적 계산과 전망이 없이 무분별하게 투자가 이루어지고 그로 말미암은 손실이 걷잡을 수 없이 커지게 되면, 이러한 손실은 단순히 손해 당사자의 '개인' 문제를 넘어서서 '자본'의 효율적인 유통과 관리의 측면에서 심각한 사회적 문제를 양산하게 된다. 그 때문에 자본주의 국가는 도박을 '이중적 제도화'의 과정을 통해 통제한다. 즉, 사적 영역의 오락성 도박을 제외한 나머지 도박은 형법으로 금지시키고 합법적인 영역에서 투기를 막기 위해 여러 가지 제도적인 보완을 하는 반면, 국가가 운영하거나 허용하는 도박은 탈범죄화 시킨다. 막대한 재정적 수입을 얻을 수 있는 도박을 산업의 한 형태로 양성하는 한편, 그에 따른 문제는 모두 개인의 자제력과 선택의 측면으로 돌림으로써 문제를 은폐하는 성향을 띤다는 것이다.

국가의 재정적 수입을 위한 합법적인 도박의 영역은 다른 한편으로 사람들의 경제적 성취에 대한 욕망을 배출할 수 있는 통로가 된다. 또 계층상승과 부, 성공욕구에 목말라 있지만 기회는 배제되어 있는 사람들에게 '평등'의 환상을 심어주게 된다. 합법적인 도박은 누구나 행운의 주인공이 될 수 있는, 만인에게 동등하게 펼쳐져 있는 '평등의 기회'로 간주되는 것이다. 다음에 소개하는 이효석의 『벽공무한』(박문서관, 1941)은 바로 그러한 환상이 만들어낸 판타지라고 할 수 있다.

이효석의 『벽공무한』에서 주인공 천일마는 첫사랑의 상처를 안고 있는 인물이다. 그런데 이 첫사랑의 상처는 경제영역에서의 패배라는 모습으로 그려진다. 천일마의 첫사랑 미려를 차지한 인물이 바로 동양무역상회의 청년 실업가 유만해이기 때문이다. 유만해는 백만금의 상속을 받은 법학사였고 일마는 문과출신의 가난뱅이 학사였기 때문에, 미려는 유만해를 선택한다. 그 후로 유만해는 유산을 가지고 무역상을 시작해서 성공하고 그것을 바탕으로 최근에는 철공업, 금광 등에 손을 대어 사업이 점점 확장일로를 걷게 된다. 반면에 천일마는 소위 문화시평이나 음악평론을 쓰는 문화사업가(문화평론가)에 불과할 뿐이다.

『벽공무한』의 전체 작품은 이 첫사랑의 패배를 안고 있는 천일마가 자본주의의 '행운의 여신'에 의해 모든 전세를 역전하는 구조로 되어 있다. 천일마에게 미소 지은 첫 번째 '행운의 여신'은 '유민채표(裕民彩票)'라고 하는 만주국 정부 발행의 복권 한 장이었다. 천일마는 현대일보에서 할빈교향악단을 초청하려는 문화사절로 만주를 드나들게 되는데 그 와중에서 '유민채표'를 한 장 사서 지닌다.

> 사실 만주사람으로서 채표의 유혹을 모르는 사람이 없다. 정부는 당선의 행운을 미끼삼아 수십만 민중에게 조금씩의 분담을 지게 하고 긁어 모은 돈으로 수만원의 행운의 당선자를 뽑고는 나머지 수십만금을 국민 구제 사업에 유용하자는 목적이었다. 그러나 이 중요한 구제사업의 고안보다도 백성에게 주는 채표의 인상은 참으로 그 당선 여부의 매력과 흥분에 있었다. 자기들 모두가 조금씩 추렴낸 대금의 이익이 대체 어떤 구제사업으로 나타나 그 은혜의 물방울이

자기 몸에 미치게 되는지를 생각할 필요는 없다. 다만 도회 사람은 도회에서 채표를 사고, 시골 농민은 도회로 가는 사람에게 가만히 부탁해서 몇원의 핏돈으로 채표를 사오고 일 마같이 여행하는 사람은 여행의 도중에서 심심파적으로 몇 장씩을 사서 꼬깃꼬깃 주머니 속에 건사했다가 다음달 보름날의 개표를 기다려 당선 낙선의 결과를 알고는 웃기도 하고 울기도 하면 족한 것이다. 행여나 맞춰낼는지, 혹은 미끄러질는지 하고 다음 보름날까지 꿈꾸고 조바심하는 그 한달 동안의 흥분과 자극이야말로 중요한 것이다. 넉넉한 사람은 넉넉한 사람으로서의 유장한 꿈을 꾸고, 가난한 사람은 가난한 사람으로서의 필사적인 갈망을 해서 그것으로서 생활의 동력을 삼는 그 감홍의 정도와 자극의 분량은 누구나가 일반이다. 요행 당선이 되면 춤을 추고 기뻐해도 좋고, 낙선이 되면 눈물을 머금고 또 한 장을 살며시 사서 간직했다가 다음달의 결과를 갑절의 새로운 흥분으로 기다리면 그만이다. 평생을 두고 속을는지도 모르나, 평생을 감격에 살 수 있다면 이 또한 값싼 선물이 아닌가.(일종의 국민적 도박이다) 일마는 그 국가적 행사를 과히 허물할 것 없이 만주사람과 마찬가지로 지나는 길마다 신경쯤에서 몇원으로 그달의 흥분을 사곤 했다. (『벽공무한』, 『이효석 전집5』, 창미사, 1983, pp.19~20)

조금 길게 인용한 이 대목에는 국가가 관리하는 합법적인 도박인 복권의 기능이 잘 설명되어 있다. 국고수입을 위한 복권은 그 본래의 목적을 넘어서 당대를 살아가는 사람들에게는 당첨에의 환상과 일주일간의 삶의 흥분을 제공해주는 역할까지도 하고 있는 것이다. 물론 그러한 환상과 흥분은 일종의 속임수에 지나지 않는다. 그러나 평생을 속더라도 또한 평생을 일정한 기간 동안의 흥분과 그에 따른 실망 속에 살아간다 해도 나쁠 것은 없지 않느냐는 천일마의 생각은 현재를 살아가는 우리들의 그것과도 어쩌면 크게 다르지 않다.

그러나 『벽공무한』의 주인공 천일마는 쉽게 찾아오지 않는 요행의 주인공이 된다. 복권 일등에 당첨되어 '만 원'을 받게 되는 행운의 주인공이 되는 것이다. 작가인 이효석은 『벽공무한』을 당대인의 환상을 충족시키는 방향으로 이끌어가기로 마음을 먹은 듯, 천일마에게는 또 하나의 '행운의 여신'이 미소를 짓는다. 천일마는 만주에서 여러 가지 우여곡절 끝에 나아자라는 러시아 여인을 사귀게 되는데, 그녀와 함께 찾은 경마장에서 이른바 '대박'을 터뜨렸던 것이다. 여기서도 작가는 경마가 당대인에게 주는 심리적인 위안의 측면에 대해 언급하기를 잊지 않는다.

넓은 벌판에 한 점을 찍은 경마장 가까이 가 보면 그것이 또 하나의 넓은 벌판이다.

그 속에 아물아물 사람들이 들어서서 아닌 곳에 장마당을 이루었다. 수천 명의 남녀노소가 무엇을 구하러 그 외딴 벌판 속으로들 모여 들었는지 - 사람은 경영을 위해서는 언제나 곳을 가리지 않는 모양이다.

거리의 생활만으로는 감격이 부족하다는 것일까. 벌판에까지 그것을 연장시켜, 가슴을 조이고 피를 끓여가면서 감격 속에 살자는 것일까. 말다리에 그날의 운명을 맡기고 하루의 행운과 불운을 점치자는 것이다. 행운에 웃고 불운에 울자는 것이다. 타원형의 테두리를 둘러싸고 서서 달리는 말들을 바라보면서 흥분과 낙담 - 기쁨과 실망에 서성거리는 그 굴곡 많은 하루의 생활을 사려 사람들은 모여든 것이다. (『벽공무한』, pp.106~107)

자본주의 경제체제하에서 일반 대중들에게 주어진 희망이란 이렇게 가느다란 행운에의 희망일 뿐이다. 기회가 도처에 널려있는 듯하지만 그 기회는 아무에게나 돌아오지 않는다. 사람에 따라 고된 노동이 아니면 지루한 일상의 반복일 뿐인 삶에서 흥분과 감격을 부여할 수 있는 것이 바로 이 일확천금의 환상인 것이다. 경마도 그런 환상 가운데 하나다. 천일마는 철저하게 행운에 기대는 태도로 환상을 현실화시킨다. 일마는 많은 사람들이 몰리는 우승 예상마를 제쳐두고 자신이 선택한 아킬레스라는 말을 시종일관 고집한다. 결국 그날의 마지막 경주에서 아킬레스는 우승하게 되고, 일마는 소위 '아나', 그러니까 배당을 독차지하는 행운을 누리게 된다. 도합 오천 원의 배당금을 거머쥐게 된 것이다.

주인공 천일마가 이처럼 행운의 주인공이 된 반면, 그에게 첫사랑의 상처를 안긴 연적 유만해는 사업에 있어서의 지나친 모험으로 파산한다. 그가 백만 원에 샀던 홍천금광이 광맥도 거의 끊기고 돌에 섞인 금의 함유량도 미미했던 것이다. 홍천금광은 유만해가 전재산을 들여서 산 생명선이었으므로 그 금광의 실패는 만해 인생 전체의 실패나 다름이 없었던 것이다. 행운의 주인공 천일마의 연적인 유만해의 실패 원인이 투기성 도박이나 다름없는 금광업[8)]에 손을 댄 결과라는 점은 일반 대중들의 심리적인 욕망을 그대로 반영하고 있는 듯 하다. 부의 격차로 인해 상대적인 박탈감을 느끼는 일반 대중들에게 채표 한 장과 마권 한 장을 통해 부를 획득한 천일마와 투기적인 탐욕으로 전 재산을 건 도박에서 실패하여 파산한 유만해의 대비는 심리적인 카타르시스를 부여하기에 충분했을 것이기 때문이다. 백만장자와 일반서민의 격차가 단지 행운의 유무에 있을 뿐이라고 믿고 싶은 대중들의 소망이 담겨있는 것이다. 대중적인 소망의 결집체처럼 여겨지는 천일마는 경제적인 행운 외에도 주변의 여인들의 마음을 독차지하게 되는 인물로 그려짐으로써 『벽공무한』은 도박 혹은 일확천금을 둘러싼 판타지로서의 기능에 충실하게 된다.

도박성 – 식민지 자본주의의 한 양상

지금까지 우리는 식민지 시대 한국소설에 나타난 여러 가지 도박의 양상에 대해 간단히 살펴보았다. 다음과 같은 가설에 따라 이 대목은 씌어졌다. 식민지 시대는 종래의 경제체제가 외부의 압력에 의해 새로운 경제체제로 급격하게 옮겨가는 시기였고, 그에 따라 당대를 살아갔던 사람들은 경제체제와 아비투스의 불일치로 인해 필연적으로 운명적이고 수동적이며 투기적인 삶의 태도를 보이게 되었다. 그 결과, 새로운 경제체제에 대응하는 사람들 중에서 많은 사람들이 '노름'에 빠져들게 되었고, 그와 유사하게 '부동산 투기'나 '미두'와 같은 유사한 도박에 가산을 탕진하고 빈털터리가 되기도 했다. 또 제도화된 도박이 보여주는 한줄기 환상에 현혹되기도 했다.

식민지 시대의 한국소설 중 도박 및 그와 유사한 양상이 드러나는 모든 작품을 검토하지 못했기 때문에 이러한 가설은 아직 입증해야 할 부분이 많이 남아있는 것이 사실이다. 또 이 글에서는 권태를 떨쳐버리기 위해 유한계급이 즐기는 도박의 양상이나, 인간 존재의 한 특성으로서의 도박 성향에 대해서는 언급하지 못했다. 아울러 자본주의가 원래 가지고 있는 투기적인 요소가 인간의 욕망을 어떻게 재편하는가에 대해서도 주의를 기울이지 못했다.

그럼에도 불구하고 이 글을 마치면서 도박성이 식민지 자본주의의 한 양상일 수 있으리라는 가정을 다시 한번 곱씹게 된다. 앞에서 언급했던 『벽공무한』의 결말, 즉 가난한 문학청년과 부유한 청년실업가가 행운의 여하에 따라 그 위치가 뒤바뀐다는 설정에서 우리는 당대인들의 심성을 포착할 수 있을 듯하기 때문이다. 보다 더 직접적으로 말한다면, 식민지 시대에 조선인들의 사업이란 그 역시 투기성을 동반하고 있었다는 것, 그리고 바로 그 점이 식민지 자본주의의 뚜렷한 특성이 아닐까.

그런 짐작을 다소나마 뒷받침해주는 소설이 이효석의 「마작철학」(『조선일보』, 1930.8.9~8.20)이다. 이 소설의 주인공은 "바다 일이라는 것이 항상 위험하기는 위험한 것이나 천여 석 자기의 자본을 시세 좋은 정어리업에 들여 밀면 만금이 금시에 정어리 쏟아지듯 쏟아질 것이다-고 생각"하고는 "대번에 삼백석지기에 넘는 옥토를 은행에 잡히고 이만여 원의 자본금을" 내어서 정어리업에 뛰어들기 때문이다.

미래에 대한 전망이나 경기변동 등에 대한 주도면밀한 준비 없이 무작정 커다란 요행을 향해 나아가는 이런 태도는 철저한 금욕주의와 합리적인 저축을 통한 자본의 축적이라는 초기 자본주의의 특성과는 거리가 먼 투기적, 모험적인 태도일 뿐인 것이다. 우리 문학에서 토지를 바탕으로 한 전근대적인 치부 외에 자본주의적인 정신을 드러낸 작품이 드문 것은 바로 이러한 식민지적 자본주의의 특성인 도박성(투기성)에 기인한 때문은 아닐까.

유행, 대중적 감수성, 문학의 변모

유행[9]의 힘

『신여성』 1926년 6월호에 보면 다음과 같은 기사가 나온다. "일반 여학생들의 눈가가 붓고, 맵시 있던 옷이 깃옷으로 변한 까닭은? 표면적으로는 국상에 대한 조의를 표하는 것이라 한다. 그런데 자세히 살펴보면 매우 희안한 광경이 나타난다. 과장이겠지만 하여튼 자기 부모가 죽어도 울지 않던 학생이 목을 놓고 운다. 그것도 사람 많은 길바닥에서. 또 어느 학생의 집에서는 남들은 모두 깃옷을 입었으니 자기도 해내라며 야단이 난다. 하는 수 없이 부모들이 이것저것 전당포에 맡기고 돈을 빌려 옷을 지어 입힌다. 게다가 깃옷이라 하는 것이 부모가 돌아가도 성복날이나 입는 것인데 조의만 표하면 되는 국상 때 성복 전날부터 깃옷을 해 입는 것은 유사 이래 처음이다. 이것은 또 여학생들뿐만이 아니다. 귀부인, 숙녀, 기생, 창부 할 것 없이 깃옷을 입고 있다. 어떤 여학생은 깃옷을 입고 오색찬란한 파라솔을 들었으니……. 말세다. 아마도 의복 입는 것을 유행으로 아는 일부 사람들은 상복도 유행인줄 알고 유행에 떨어질까 봐서 그랬던 것 같다."[10]

1926년 5월 5일, 순종황제의 인산일을 즈음해서 여학생들은 서울뿐만 아니라 조선 각지에서 저마다 흰옷을 입고 검은 댕기를 드렸다. 장엄한 애도와 눈물이 넘쳐흘렀다. 얼핏 보면 대단한 애국심이고 충절이다. 한일 합방된 지 16년이 지났다는 사실을 떠올린다면 실로 놀라운 일이 아닐 수 없다. 그러나 상황을 자세히 들여다보면, 꼭 그런 것만도 아닌 것 같다. 여학생들이 저마다 깃옷을 입고 눈물을 흘린 것은 충(忠)이라는 가치보다 유행에 충실하고자 했던 때문이다.

『신여성』 1926년 3월호에서는 이런 대목을 찾아볼 수 있다. "신식 여자 중에는 단발이 유행하는데 장래에 최신식 여자가 될 처녀 학생 중에는 단발은 커녕 도리어 다리꼭지 드리는 것이 크게 유행한다."[11] 여기서 다리꼭지란, 여자의 머리에 드리는 다리를 맺은 꼭지를 말한다. 원래 '다리'라는 것이 여자의 머리숱이 많아 보이도록 덧 넣었던 딴머리를 말하는 것으로 월자(月子)라고도 한다. 그런데 이 다리꼭지라고 하는 것은 원래 옛날에는 남의 부인 이외에 처녀들은 절대로 드리지 않았던 것이다. 기생이나 광대와 같이 천하게 여겨지는 계층이 아니면 거들떠도 보지 않던 것인데 그게 여학생들 사이에서 유행하게 된 것이다.

유행은 이처럼 어떤 이데올로기보다도 강하게 사람들을 추동하는 힘을 가지고 있다. 멀쩡한 청바지를 찢어서 입고, 마치 어린아이의 옷과 같이 자그마한 웃옷을 걸치게 만드는 묘한 유행의 힘이란 것은 비단 요즘의 일만은 아니었던 것이다. 여학생들로 하여금 세련된 모던 복장을 벗어던지고 깃옷을 입고 애도의 물결 속으로 달려가게 한 것이 바로 이 유행이란 것이었고, 기생이나 광대와 같은 천민들이나 부인네들이 하는 다리꼭지를 다시 리노베이션해서 버젓이 머리에 드리고 다니게 만든 것도 이 유행의 힘이다.

이런 유행의 힘은 당대 사람들에게도 놀라운 것이었던 모양이다. 『신여성』 1931년 11월호에서 한 무명논자는 다음과 같이 유행의 힘을 고백하고 있다. "유행이란 참말 이상한 힘을 가졌습니다. 사람으로 하여금 자발적으로 금욕케 하고 자율적으로 인고케 하는 점에 있어서 고승이나 목사의 설교 이상의 힘을 가졌으며 사회생활을 규제하고 관리하는 점에 있어서 여하한 법률보다도 더 우세의 힘을 가졌습니다."[12)]

유행은 알게 모르게 우리에게 다가와서 어느 틈엔가 욕망을 설득하여 거기에 추종하게 만든다. 논리적이거나 이성적인 방식으로 계몽하는 것이 아니다. 이미지의 형태로 우리의 감각 속에 각인되는 방식으로 욕망을 설득한다. 그것은 상품의 형태로 우리에게 꿈과 함께 주입되며, 유토피아나 신분상승, 달콤한 낭만 등의 환각을 불러일으킨다. 그리고는 마침내는 우리 모두를 일정한 삶의 패턴[13)]으로 포섭하게 된다.

한번 주위를 둘러보자. 사람마다 개인차는 있겠지만 우리사회에 염색이 한때 화제가 되었던 적이 있다. 몇몇 선도적인 사람들이 금빛, 보랏빛 각양각색의 머리색을 하고 거리로 나섰을 때 우리 중 상당수의 사람들은 신기해하기도 하고 손가락질하기도 했다. 하지만 지금은 너무도 자연스럽게 우리 주변에 보편화되어 있다. 유행은 '시비조로 한번 보고, 우습다고 한번 보고 하는 사이에 호기심을 갖게 되고 흉허물 없이 뵈이고 좋아 뵈이고 해서 결국은 시비하든 사람이나 흉보든 사람이나 다 같은 모양이 되어버리는'[14)] 그런 것이다.

1920년대 말부터 불기 시작한 본격적인 유행의 물결은 1930년대에 들어와서 더욱 거세어졌고, 많은 사람들이 그 유행에 따라 조금씩 변해갔다. 유행은 가장 먼저 의복부터 시작해서 머리 모양, 음악, 취미 등 각 영역에서 사람들의 외양과 태도를 변모시켰다. 그것은 조선이 일본의 상품시장으로 서서히 자리 잡아가면서 자연스럽게 이루어진 것이었다. 원래 자본이라는 것은 공간적으로도 끝없이 시장을 창출해가지만, 삶의 미세한 영역 하나하나에서도 시장을 만들어낸다. 요즘 시장에서 속옷이나 사소한 액세서리까지 유행의 영역으로 포괄되어 있는 것처럼 말이다.

그런데 중요한 것은 삶이 자본주의적인 형태로 편성되었다는데 있지 않다. 유행은 사람의 외양만을 바꾼 것이 아니라, 사람들의 자아까지도 변모시킬 만큼 놀랍고도 무서운 힘을 발휘한다는 점이 중요하다. 유행은 당대 사람들에게 삶의 모델을 제시했고, 그 패턴에 따라 무섭게 사람들을 변모시켰다.

거리의 패션 리더, 여학생

우리나라에 최초의 양장 스타일이 나타난 것은 개항 후 해외에서 귀국한 몇몇 개화 여성들에 의해서였다. 1899년 김윤창의 딸이자 윤치호의 부인인 윤고려가 양장을 한 것이 양장 스타일의 효시가 된다.[15] 이때 그녀가 입고 들어온 옷은 당시 유럽에서 유행하고 있었던 S자 스타일 드레스였고, 비단 양말에 굽 낮은 펌프 슈즈를 신었다. 머리에는 리본과 새의 깃털 모양으로 된 장식이 있는 모자를 썼고 양산을 들었다. 이와 비슷한 시기에 여의사 박에스터와 미국에서 정식 B.A. 학위를 받고 귀국한 하란사도 비슷한 복장을 하고 귀국했다.[16] 이들 여성들은 모두 영화에서나 볼 수 있는 화려한 양장차림을 하고 있어서 사람들의 이목을 끌었지만, 이런 스타일은 아직까지 유행이라고 말할 수는 없는 아주 희귀한 옷차림이었다.

우리나라에서 최초의 유행 스타일은 대부분 여학생들에게서 비롯한 것이었다. 1900년대 한국 최초의 여성교육기관인 이화학당은 기숙학교였기 때문에 학생 한 명이 들어오면 침모가 새 옷을 지어 입혀야 했다. 그런데 10명이 넘게 들어오자

러시아제 붉은 목면으로 치마저고리를 똑같이 해 입히게 되었다. 그래서 사람들이 이화학당 소녀들을 '홍둥이'라고 불렀다. 한복은 원래 치마와 저고리를 다른 색으로 입는 것이 원칙이요 전통이었다. 그러나 당시에는 이화학당의 여학생들을 본떠서 개화 여성들 사이에서는 상하동색의 한복을 입는 것이 널리 퍼졌다. 이런 현상도 일종의 유행이라고 파악할 수 있을 것이다. 하지만 이 당시의 의복 변화는 매우 점진적으로 이루어졌고, 그 변화도 여성들이 활동에 편리하도록 한복을 개량하는 정도였기 때문에 아주 미미했다.

이 당시에 가장 주목할 만한 유행의 형태는 여학생들의 머리 모양일 것이다. 서양 부인의 머리 모양새를 흉내 내어 1900년경 일본에서 유행했던 머리 모양으로 얼마 지나지 않아서 한국으로 건너온 퐘프도어 헤어스타일이 바로 최초의 유행 형태이다. 퐘프도어는 머리를 치켜 올려 빗어 정수리에 틀어 얹는 헤어스타일이다. 사람에 따라서 리본을 매기도 했으며, 이마 위에 모자의 챙같이 불룩 내밀게 빗어서 챙머리라고도 했다. 앞머리는 풍성하게 만들어 빗고 뒷머리는 틀어올린 이 헤어스타일은 '히사시가미'라고도 불렸는데, 여학생을 상징하는 머리 모양이었다.[17] 한국 최초의 근대 장편소설이라고 알려진 이광수의 『무정』에서 형식의 눈길을 끈 선형의 머리 모양이 바로 '처녀의 까만 머리와 쪽진 서양 머리에 꽂은 널따란 옥색 리본'으로 묘사된 '히사시가미'였다. 이와 함께 여학생들은 짧은 치마에 목이 높은 구두를 신고 양산을 구비함으로써 가장 세련된 유행의 아이콘으로 떠올랐던 것이다.

이런 여학생들의 스타일은 대중적으로 크게 주목받았고 기생들도 여학생 복장을 흉내 내서 사회적인 물의를 일으켰다. 『신여성』 창간호에서는 여학생의 교복과 교표를 지정해야 한다는 주장을 펴고 있는데 그 이유가 재미있다. '여학생을 구별하는 경계선이 무너지게 된'[18] 이유라는 것이다. 바로 기생들이 문제였다. 기생들이 여학생의 복장이나 스타일을 흉내 내었기 때문에 그 외양으로는 구별하기 어렵다는 것이다.[19] 그러면서 기생들은 여학생을 사칭해서 학생들의 명예를 실추시키는 일이 많았지만, 기생들을 벌주기는 어려우므로 교복을 입히고 교표를 달게 해서 구별하도록 하자는 주장이었다. 『무정』에서 선형을 가르치고 돌아온 형식에게 하숙집 주인 노파가 '머리는 여학생 모양으로 하였으나 아무리 보아도 기생 같'은 여자, 즉 영채가 다녀갔다는 말을 전하는데, 여기서도 기생인 영채가 여학생을 모방했다는 사실을 알 수 있다. 이처럼 여학생들은 거리에서 유행의 중심으로 떠올랐던 것이다.

그러나 이때까지도 자아 각성의 형태로 몇몇 개화여성들에 의해 촉발되었던 스타일의 변화는 선망의 대상이자 동경의 대상을 모방하려는 욕구에서 비롯한 유행현상일 뿐이었다. 여학생들은 자아각성, 신교육을 받은 당당한 여성의 표지였다. 기생들이 여학생의 스타일을 모방한 것은 그녀들 자신이 선망의 대상이었기 때문이다.

하지만 시간이 지나면서 점차 유행은 맹목적인 영역으로

넘어가게 되었다. 즉, 상품경제가 서서히 정착되면서 싹튼 소비문화가 대중적으로 확산되면서 그 변화의 속도도 정신없이 빨라졌으며, 유행도 점차 사치스럽게 변해가게 되었다. 자연히 그 유행의 선두에 서 있었던 여학생의 복장들은 세인의 비난에 직면하게 되었을 뿐 아니라 여학생들과 다른 이들의 구별조차 사실상은 무의미해졌다.

1920년대 들어서 오페라백이 여학생들 사이에 크게 유행했고 부채도 널리 퍼졌다. 그 외에도 시계, 금테 안경, 보석 박힌 금반지 등이 신여성들 사이에 유행해서 사치가 심해졌다는 비판을 받았다. 또 버선 대신 양말을 신게 되었고 신발도 운동화, 하이힐, 중힐, 부츠, 흑백의 콤비구두가 유행하게 되었다.[20] 특히 여학생들 사이에서는 목도리, 그것도 자줏빛 목도리가 크게 유행해서 '지금의 여학생들은 문밖을 나갈 때면 자주 목도리가 연상되어 여학생=자주목도리라는 공식'(『신여성』, 1924.4, p.69)까지 생겨나게 되었다.

어떻든 간에 개화기 이래로 1930년대까지 여학생은 유행을 선도하면서 주변의 온갖 사람들에게 일정한 삶의 패턴을 전파하는 거리의 패션리더였다. 이들에 의해 도입되어 자리 잡게 된 유행은 1930년대 대중문화가 널리 퍼지면서 사회 각층으로 번져나가게 된다. 그들은 초기에는 자신이 신체에 대한 주체임을 자각하고 그것을 복장이나 외양으로 드러낸 선각자였다. 하지만 1930년대에 이르면 이들은 새로운 정신의 선각자로서의 유행 선도자로서가 아니라, 돈만 있으면 구매할 수 있는 사치품이나 장식품을 걸친 상품으로 인식된다.

> M의 눈에 비친 H는 홍미 백퍼센트의 레뷰보다 이상이었다. 평생 소원이든 여학생 고대로가 천사처럼 날라와서 얹었다. 무릎이 보일듯한 짧은 치마 밑에 대리석 조각형의 다리가 살빛 같은 비단양말에 밝게 비쳐 청춘의 자르르 흘러 뻰쩍이었다. 핸드빽을 책보처럼 끼고 고개를 갸웃이하고 별 같은 눈을 깜박거리고 앉었다. M은 그 다리를 훑어 내려가다가 그 밑에 까만 고양이 두 마리가 앉은 것을 보았다. 그것은 H의 칠피 구두였다. 구두굽이 칭암 절벽처럼 깎여질렸는데 끝은 송곳 끝보다 더 뾰족하였다. (방인근, 「모뽀·모껄」, 『신동아』, 1932.5, p.110)

이 대목은 구여성이라고 소박을 놓은 전처가 여학생의 모습을 하고 나타난 상황이다. 주인공 M은 그 사실을 알아차리지 못하고 있다. 단지 그녀의 옷차림을 바라보고 있을 뿐이다. 이 시선에는 대상에 대한 존중이 없다. 여학생은 어느 틈엔가 구매가 가능한 일종의 상품처럼 다루어지게 되어버린 것이다. 여학생이라는 대상의 본질적인 측면은 어딘가로 사라져버리고, 핸드백과 칠피구두, 트레머리라는 이미지들이 도드라지게 드러날 뿐이다. 그런데 이와 같은 시선이 만들어지게 된 배경은 그리 단순하지 않다. 여기에는 사회의 전반적인 변화, 어떤 감수성의 변화가 작용하고 있었기 때문이다.

대중적 감수성의 형성

1930년대에는 『매일신보』, 『조선중앙일보』, 『동아일보』 등의 신문이 다량 발간되었고, 『신동아』, 『조광』, 『신여성』 등의 잡지가 간행되어 말 그대로 신문 잡지의 전성시대가 펼쳐졌다. 그런데 이 시기에 이르면 신문과 잡지의 성격이 상업적으로 현저히 변질된다. 각 신문사들이 증면 경쟁을 벌인 이후 동경이나 대판(오사카) 등지의 상품광고를 유치하기 위해 광고주들에게 선심공세를 펼치는 등 경영의 합리화를 내세우면서 상업주의로 나아갔다. 황태욱은 이를 두고 "한 손에 경전을 들고 한 손에 칼을 든 것이 회교라 하면, 한 손에 조선 민족을 들고 한 손에 동경, 대판의 상품을 들고 나가는 것이 동아일보 아니 조선의 제 신문이다."[21]라고 일갈했다. 즉, 신문을 팔기 위해서는 조선 민족을 팔아야했고 광고 수입을 위해서는 상품을 팔아야했다는 말이다.

이 시기의 잡지 역시 동인지 형태를 벗어나 상품으로서의 가치를 인식하기 시작했다. 『신여성』이나 『여성』, 『별건곤』, 『삼천리』 등에는 여러 가지 생활정보를 빙자하여 화장품 고르는 법, 우산 빼는 법, 옷 입는 법, 다이어트 법 등이 총망라되어 있으며, 향수광고 등의 광고가 여성들의 눈길을 유혹하고 있었다. 지금의 패션잡지와 다를 바가 없다.

여기서 플로베르의 『보바리 부인』을 잠시 떠올려보자. 주인공 엠마는 앙데르빌리에 후작의 초대를 받고 상류층의 풍요로움에 눈을 뜨고, 그런 분위기에 동참하려고 한다. 그녀가 새로 문을 여는 상점, 최신 유행, 유명한 양복점 주소, 오페라 극장의 초대 등에 대해 소상하게 알게 된 것은 주로 『코르베이유』와 『살롱의 정』과 같은 부인잡지를 통해서였다. 이들 잡지가 끝없이 엠마의 욕망을 자극하고 그녀의 사치를 북돋웠던 것이다. 1930년대의 대중잡지들도 마찬가지였다. 때때로 지나친 사치풍조를 경계하자는 비판적인 목소리가 실리기도 했지만 전체적으로 이 시대 잡지는 유행을 선도하고 창출하는 소비문화의 첨병역할을 하기에 충분했다.

한편, 영화를 보고 삶의 패턴을 모방하는 대중적 감수성이 본격화된 것도 바로 이 시기였다. 이 시기 사람들은 '사랑의 모든 수단과 양식은 단성사, 조선 극장의 스크린에서 취했다'고 말할 정도였으며 '성에 눈 뜬 처녀들이 변사들의 달콤한 해설과 스크린에 빗기우는 사랑의 실연을 보고' 배웠다.[22] 텔레비전 드라마에서 유명 탤런트가 하고 나온 반지며 목걸이가 그 다음날로 서울 전역에 깔리는 요즘과 마찬가지였던 것이다. 정도는 다르지만 당시 영화의 파급력은 오늘날의 텔레비전과 맞먹을 정도였다. 특히 서양 영화들은 삽시간에 로이드 안경, 히틀러수염(채플린수염), '께이리 쿠어퍼어'의 외투, '로오웰 새아만'의 모자, '로버트 몽고메리'의 넥타이, '윌리암 포웰'의 바지, '클라이브 쁘룩'의 구두를 사람들의 뇌리에 심어놓았다.[23] 1930년대에 이르면 이처럼 유행을 설명할 때 서양 배우의 모습을 예로 드는 경우가 많아졌다. 1935년 당시 잡지

『예술』에 실린 「어여쁜 아가씨네들 양말 신는 법 연구」에는 "저 서양 영화에 나오는 '거리의 천사'의 듸-트리히를 보십시오……. 검정 양말을 넙적다리까지 치켜올린 데는 무어라고 말할 수 없는 매력이 있지 않습니까?"라고 하면서 영화를 통해 유행을 조장하고 있기까지 하다.

이런 유행은 문학작품에까지 영향을 끼쳤다. 우리는 「소설가 구보씨의 일일」로 유명한 소설가 박태원의 작품에서도 그 영향을 찾아볼 수 있다. 천재 시인 이상의 연애담을 소설화한 것으로 알려진 「애욕」의 한 부분에서 익명의 사람들을 묘사하는 방식은 이 당시의 유행을 정확히 반영하고 있다.

> 가장 자신있이 말하고, 반나마 남아 있는 포트랩을 한숨에 들이켠 자는, 레지놀드 데니같이 생겼다면, 응당 만족해 할 게다……. 양장은 신통치 않아도 그 둥글고 여유 있는 것이 어딘지 모르게 복스러워 보이는 얼굴은 이를테면 콘스탠스 베넷 비슷하다……. 옆 얼굴이, 구태여 말하자면, 초즈랩트 비슷하나……. 담배만 태우고 있는 키 큰 자는, 이 키 큰 자는 그들 중에서는 그 중 풍채가 나아, 로버트 몽고메리를 제법 닮았는데……. (박태원, 「애욕」, 『성탄제 外』, 한국소설문학대계, 동아출판사, pp.241~242)

「애욕」의 3절은 하웅(이상)에 대해서 익명의 몇몇 사람들이 대화를 나누는 장면을 구보가 보고 묘사한 내용이다. 마치 우리가 장동건을 닮았네, 김희선을 닮았네 하는 것과 같다. 이처럼 잘 모르는 사람의 외양을 곧바로 영화배우의 이미지와 비교해서 묘사하는 대목은 1930년대 영화의 영향력을 드러냄과 동시에 당대의 유행을 고스란히 반영하고 있는 것이다.

이처럼 영화와 잡지가 유행을 전파하는 소비문화의 첨병이 될 수 있었던 것은 바로 '이미지'를 살포하는 기능 때문이다. 이 시점에서 우리는 사진의 발달이라는 측면을 유행과 관련해서 점검해볼 필요가 있다. 사진 이전에는 사람이나 장소 또는 사물의 모습이 저마다 고유한 물질적 실체에 꼼짝없이 매여 있었다. 그러나 사진이 나오면서 상황은 서서히 역전되었다. 사진으로 인해 이미지가 사물 자체보다 더 중요해지고 급기야 사실상 사물을 폐기할 수도 있게 되었다. 사진은 경험을 과장하고 믿을 만한 상상적 허구를 만들어내는 능력이 있었던 것이다. 표면이 객관적인 그 자체의 생명을 갖게 된 것이다. 그래서 형태는 물질과 분리되었고 외관과 실체 사이의 연관성이 끊어지게 된 것이다.

이제 실체는 그다지 중요하지 않게 되었다. 도시적 삶 속의 무수한 익명의 군중들 사이에서는 그 사람이 가진 인품이나 됨됨이 같은 본질적인 부분보다 외양이나 스타일이 강조되는 것은 그리 놀라운 일이 아니다. 이제 물체의 본질 자체보다는 표면이 주도권을 갖게 된 것이다. 그와 동시에 물질의 본질적인 부분인 '사용가치'도 끝장을 보게 된다. 사용가치는 그저 교환가치, 그리고 기호가치를 뒷받침해주는 허상으로 기능할 뿐이다. 요즘 우리 주변을 둘러보면 이 말뜻을 쉽게 알 수 있다. 값비싼 외제 브랜드를 구입하게 되는 동기를 떠올려보자. 일단 현란하고 감각적인 광고를 생각할 수 있다. 광고 속의 모델처럼 멋있어지는 듯한 느낌, 그리고 그 상품을 구입함으로써 선택되었다고 느껴지는 구별의식, 이런 것들이 비싼 돈을 들이는 이유가 될 것이다. 그리고는 꼭 한마디씩 덧붙인다. '비싼 건 오래 써도 닳지 않고 싫증도 안나. 돈값을 하지.' 여기서 광고가 전해주는 이미지와 구별의식은 기호가치다. 이 기호가치가 본질적인 것이며, 질기고 오래 쓴다는 사용가치는 그 기호가치를 뒷받침해주고 자기 자신에게 합리적으로 납득시키는 핑계에 불과한 것이다.

1930년대의 영화와 잡지는 사진에서 비롯한 이와 같은 이미지의 힘을 당시 대중들에게 전파하는 역할을 했다. 내적인 자아를 강조하던 전통은 따라서 더 이상 힘을 발휘할 수 없었다. 부단히 변화하는 표면의 세계가 주도권을 잡게 되고 외양이 본질을 지배하게 되는 시기의 도래를 가져온 것이 바로 영화와 잡지였던 것이다. 이 매체들은 사람들에게 이미지를 통한 삶의 패턴을 제시하면서 사람들의 내면을 바꾸어 놓았던 것이다.

문학작품에 삼투한 대중적 감수성 – 이효석의 경우

유행과 대중매체가 만들어낸 새로운 감수성은 문학의 영역에도 많은 영향을 끼쳤던 것으로 보인다. 그 시금석으로 이효석의 소설들을 점검해보는 것은 여러모로 흥미로운 일이다. 우선 1932년 3월 『삼천리』에 실린 「북국점경」이란 단편의 한 대목을 살펴보자.

> '팔과 목덜미를 드러내 놓고 거리를 거니는 아라사 미인, 온천물에 철벅거리는 아라사 미인', 러시아 여인을 묘사해 놓은 한 대목을 보자. '찬 나라의 언 살을 녹이는 뜨거운 물, 그 속에 헤이는 미인의 무리, 안개 깊은 바다 인어의 무리같이 깊숙이 물에 잠겼다가 샘전에 나와 느릿한 허리를 척척 누이는 풍류, 옛적 양귀비의 그것보다도 훨씬 정취가 깊을 것 같다. 창으로 새어드는 햇빛에 비쳐 김 오르는 살빛, 젖가슴, 허리, 배, 두 다리 할 것없이 백설같이 현란하다. 미끈미끈한 짐승의 무리, 하아얀 짐승의 무리.' (이효석, 「북국점경」, 『이효석전집1』, p.246)

이효석이 보여주는 이와 같은 백계 러시아 여인에 대한 도취를 단지 작가의 이국취향에서 비롯된 것이라고 볼 수 있을까. 위에 인용한 러시아 여인에 대한 관능적인 묘사에서 특징적인 것은 '백설'과 '하아얀'의 강조다. 이와 같이 여성을 하나의 대상으로 에로틱하게 묘사하는 방식은 1930년대를 전후해서 신문이나 잡지의 광고나 서양 영화가 불어넣은 서구 이미지의 주입으로 생겨났다고 보는 것이 더 적절할 것 같다. 그리고 이는 단순히 이효석 개인의 특이한 이국취향이나 서구지향이 아니다. 이효석으로 하여금 서구를 미의 기준으로 추앙하게 했던 것은 당대 사회의 대중적인 감수성이었다.

1930년대를 전후해서 신문이나 잡지 광고에서 두드러진 변화는 등장하는 사진이나 삽화에서 이전의 동양적인 여성이 서구적인 체형과 외모를 갖춘 여성들로 변화한다는 점이다. 1926년 「동아일보」에 실린 피부미용치료제 '하루나'의 광고를 보면 '흑인이 변하여 미인이 된다'는 식으로 백인을 미녀의 표본으로 설정하는 하나의 경향을 살펴볼 수 있다. 또 젊은이들에게 서양 영화의 이미지는 놀라운 파급력을 가졌다. 그래서 '활동사진 배우의 얼굴이 어느 젊은애 숙사치고 아니 부튼 집이 없을' 정도였고, 미남미녀의 기준은 서양 영화배우 누구를 닮았느냐였다. 요즘은 많이 바뀌어서 '장동건'이 미남의 대명사로, '이영애처럼 생겼다'라는 말이 미녀임을 간접적으로 드러내게 되었지만 말이다.

이처럼 1930년대의 대중매체는 일본에서 그랬던 것처럼 서구적 이미지를 아름다움의 표본으로 제시했다. 서구미인의 이미지는 온갖 상품이나 영화 주인공의 모습으로 우리의 심층 깊은 곳에서부터 미의 기준을 변화시켰던 것이다. 그것은 서구적 외양과 스타일이 본질과는 무관한 이미지의 형태로 각인되는 것이다.

앞의 「북국점경」에서 작가가, 우연히 목격한 한 여인에 관해서 다음과 같이 묘사하는 것은 그와 같은 이미지의 작동방식을 은연중에 드러내고 있다. "그 가운데에 색달리 눈을 끄는 일점홍이 있다. 단발하고 양장한 현대적 미인, 한 의지의 표현인 반듯한 콧날, 자랑 높은 눈맵시, 꼭 다문 입, 범하기 어려운 엄숙한 얼굴 – 평범치 않은 교양있는 모던 거얼이다. 그 위에 눈을 끄는 새빨간 웃저고리, 단발 밑으로 가늘게 휘인 목덜미, 은초록색 스커어트 밑으로 밋밋한 다리, 현대 미인의 제일 조건인 고운 다리-향기 높은 회령 미인이다."[24)]

여기서 작가는 '단발', '양장', '빨간 웃저고리', '은초록색 스커트', 그리고 잘빠진 다리 등을 미인의 구성 요건으로 제시하고 있으며, 다른 여타의 부가 정보 없이 이와 같은 '모던 거얼'의 복장을 '평범치 않은 교양'과 연결시키고 있다. 이런 시각적인 정보를 통해 본질을 재구성하는 것은 바로 이미지의 효과다. 본질과는 무관하게 분리된 표면들의 조합이 다시 본질을 재구성해서 상상하게 만드는 것, 그래서 스타일이 '교양' 있음을 연상시키는 것은 바로 상품이나 스타일이 만들어내는 상상영역과 밀접한 관련이 있는 것이다.

또 다른 작품인 「수난」(『중앙』14, 1934. 12)에서는 대중적인 감수성이 어떻게 미(美)를 다루는지가 드러나 있다. 이 작품에는 주인공이 백화점에서 넥타이를 골라준 '유라'의 미에 대한 예민한 감각과 세련된 안목을 칭찬하는 장면이 나온다. '검은 빛깔에 붉은 줄이 은은히 섞인 사치하면서도 결코 속되지 않은, 몸에 조화되고 취미에 맞는 넥타이'(p.309)를 골라낼 수 있는 능력을 미에 대한 예민한 감각이라고 말했던 것이다. 이는 거칠게 말하면 '소비능력'을 의미한다. 사회의 유행코드를 감지하고 전체적인 삶의 스타일 변화를 파악할 능력을 이효석은 미에 대한 세련된 감각이라고 칭했던 것이다.

이렇게 놓고 보면, 이효석 후기 작품 중 이국적인 취향이나 서구적인 문물이 강조된 소설들의 원천이라 할 수 있는 것은 1930년대의 대중적 감수성이라고 파악할 수 있다. '영화'가 주입한 서구적 이미지, 그리고 소비문화가 여러 매체를 통해 유포하는 미의 기준이 효석 자신도 자각하지 못하는 사이에 작품 전반에 투영되게 된 것이다.

이와 같은 현상을 두고 이효석 소설이 '통속화'의 길을 걸었다고 단번에 치부해버리는 것은 생산적이지 못하다. 그보다는 그 통속화의 몇 가지 메커니즘을 살펴보는 것이 1930년대를 살아갔던 사람들의 내면을 보다 잘 파악할 수 있는 통로가 될 것이다. 그런 의미에서 이효석의 단편 중 통속성이 매우 두드러진다고 평가되는 단편 「장미 병들다」(『삼천리문학1』, 1938.1)를 잠깐 살펴보도록 하자. 이 소설의 내용은 다음과 같다.

주인공 현보는 7년 만에 남죽을 만난다. 남죽은 극단 '문화좌'의 배우로 지방의 도회에 내려왔다가 극단이 해체되는 바람에 이러지도 저러지도 못하는 상황에 놓인다. 교통비마저 없어서 현보에게 부탁하게 된 처지다. 그런 남죽은 7년 전에는 진보적 서적을 통독한 지식여성이었다. 현보는 그녀에게 연정을 품고, 그의 여비를 마련해주기 위해 친구에게 돈을 융통하지만, 여비에는 모자란다. 그 돈으로 이들은 영화를 보고,

차를 마시고, 보우트를 타고, 춤을 춘다. 현보는 결국 집안의 적금통장을 헐어서 여비를 마련해 남죽에게 가지만 남죽은 춤추다 만난 백만장자 난봉꾼에게 몸을 팔고 여비를 얻어 서울로 떠난 후다. 그녀가 떠난 후 현보에게 남겨진 것은 남죽이 남긴 성병뿐이다.

한때 진보적인 지식 여성의 타락이라는 지극히 통속적인 내용이지만 이 작품에는 몇 가지 흥미로운 점이 있다. 우선 타락녀 남죽이 영화를 수용하는 방식이 눈길을 끈다. 주인공 현보와 남죽은 영화 「목격자」를 보고 나오다가 식당의 요리사간의 싸움을 목격하게 된다. 체격부터 현저하게 차이가 나는 싸움은 덩치 큰 쪽이 일방적으로 작은 쪽을 두들겨 쓰러뜨리는 것으로 끝난다. 이 모습을 보고 남죽은 '영화의 한 토막과도 같이 아름답지 않아요? 슬프지 않아요?'라며 눈물을 흘린다. 이에 대해 현보는 그 장면에서 슬프면서도 아름다운 어떤 느낌을 받는데 그것은 '방금 보고 나온 영화 때문'이었던 것 같다고 생각한다. 작품 속의 인물들은 영화를 통해 현실을 해석하고 느낀다. 작가는 영화가 현실에 던져주는 영향을 어렴풋이 자각하고 있었던 것 같다.

앞에서 얘기했던 대로 '영화'는 관객들에게 막연한 오락이나 흥미만을 제공하는 것이 아니라 삶의 패턴, 본받아야할 모델을 제공한다. 1930년대의 대중들은 영화를 통해 서구적인 미의식을 받아들이게 될 뿐 아니라 자신의 삶이 닮아야할 전범을 그 안에서 본다. 이효석의 장편 『벽공무한』(박문서관, 1941)에서는 그와 같이 영화와 현실이 혼동되고 영화가 현실로 고스란히 수용되는 장면이 나타난다. 주인공 미려는 서양 영화 「남방비행」에서 영화 속의 젊은 여주인공이 늙은 남편을 버리고 소꿉동무를 만나 열애를 벌이는 장면을 보고 결국 파산한 남편을 버리고 가출하게 된다. 작가의 시각은 물론 비판적인 입장에서 있었지만, 그의 「장미 병들다」와 『벽공무한』은 영화가 현실에 작용하는 메커니즘을 보여주고 있는 것이다.

한편, 「장미 병들다」에서 남죽의 변화, 즉 진보적인 지식여성에서 백만장자의 아들에게 몸을 파는 타락한 여성으로의 변모는 언뜻 잘 이해가 되지 않는다. 고향으로 돌아갈 차비를 벌기 위해서라는 설명은 어쩐지 설득력이 없다. 오히려 그 타락의 개연성은 짐짓 숨겨져 있다.

이 소설에서 주인공들이 시간을 보내는 찻집, 빠아, 영화관, 유원지에서 보트타기 등은 여가를 보내는 도시적 라이프스타일을 고스란히 보여준다. 이 중 특히 유원지에서 보트를 타는 대목은 문화상품이 만들어내는 이미지의 효과가 잘 나타나있다. 보트에서 한가로이 노를 저으면서 남죽은 현보에게 고향에 대해 이야기한다. 그런데 이때 남죽이 묘사하는 고향은 궁핍하고 가난에 찌든 고향이 아니라 유토피아 그 자체다. "솔골서 시작해서 바다 있는 쪽으로 평야를 꿰뚫은 흰 방죽이 바로 마을 앞을 높게 내닫고 있어요"라며 낭만적으로 시작한 고향에 대한 묘사는 현보가 듣기에 '전원교향악'으로 들릴 만큼 아름다운 것이었다. 자본의 힘은 이런 방식으로 부재하는 환각을 주입한다. 유원지에서 한가롭게 보우트를 젓는 것은 사람으로 하여금 영화나 시각매체 속의 이미지를 떠올리게 한다. 그것이 현실과는 다른 조작된 이미지인 것은 우리 모두가 경험을 통해서 알 수 있는 것이다. 영화나 시각매체, 그리고 카메라 앵글에 잡힌 고향, 전원의 풍경은 이미 현실이 아닌 이미지이며, 이것이 소설로 환원될 때는 2차적 이미지, 즉 환영에서 비롯된 하이퍼 리얼리티에 해당할 뿐인 것이다.

유원지에서 보트 타기라는 일종의 문화상품이 그것의 향유자를 어떤 환상 속으로 끌어들이는 것과 똑같은 메커니즘이 「막(幕)」에도 등장한다. 「막」에는 '호텔의 심리학'이라 명명할 만한 대목이 나온다. 다음 구절을 보자.

> 세운의 의견에 의하면 거리에서는 호텔같이 예절이 바르고 인사성이 깎듯한 데는 없다는 것이다. 들어갈 때나 나올 때나 방에 있을 때나 뽀이들의 시중은 가려운 곳에 손이 닿을 지경으로 조밀하고 친절하였다. 무례하기 짝없는 거리와는 딴 세상인 그속에 있을 때에만은 거리에서 받은 가지가지의 상처와, 잡지를 하다가 입은 여러 가지의 봉변을 잊어버릴 수 있었다. 그까짓 하찮은 문화인이 다 무어며 주제넘은 문학자들이 다 무엇에 쓰자는 것이냐－하고 호텔문을 나들 때 뽀이들이 뛰어와서는 구두를 털어 주고 모자를 받아주고 할 때마다 세운은 고개를 곧추 들고 속으로 한번씩은 외어 보았다.(이효석, 「막」, 『전집2』, p.205)

이는 백화점이 손님을 끄는 방식과 상통한다. 상품을 구매하라, 그리하면 세상에서 가장 고귀한 존재가 된 것처럼 대접해 주겠다. 마찬가지로 호텔에 투숙하라, 그러면 모든 번잡함을 잊고 귀족 같은 생활을 하게 해 주겠다. 소비의 즐거움에는 이러한 측면이 잠복되어 있는 것이다. 호텔은 단순한 숙박업소가 아니다. 그곳에서 파는 것은 친절한 서비스와 일종의 환상이다. 세상에서 가장 고귀한 존재라고 느끼게 하는 환상. 그 환상은 세운과 같이 세상의 번잡함에 시달리는 사람에게 심리적인 치료효과도 가져온다. 마치 여자들이 스트레스를 받을 때 쇼핑을 하면 기분이 좋아지는 것과 동일한 이치다. 만인이 현금을 통해 귀족이 되는 세상, 귀족의 환상을 파는 것이 백화점이요, 호텔인 것이다.

보트를 타건, 호텔에 들어서건 그것은 모두 소비와 관련을 맺고 있다. 일종의 문화상품을 소비하는 일인 것이다. 「장미 병들다」에서 남죽이 현보와 함께 시간을 보내는 일은 거의 전부가 상품이나 서비스의 '소비'로 채워지고 있다. 이때 상품이나 서비스가 발산하는 이미지는 사람들로 하여금 자신의 부보다 욕망이 훨씬 빨리 자라게 만든다.

남죽을 타락으로 이끈 것은 이와 같은 이미지의 유혹이라고 할 수 있다. 지식 여성이 삶의 태도를 바꾸고 창녀처럼 변모해간 모습은 실체(본질)가 허상(이미지)에 주도권을 넘겨주는 사회상의 산물이다. 1930년대의 대중적 감수성은 '외관에 대한 집착'과 '깨지기 쉬운 자아가 상품의 소비와 결합'되어 있는 형국이었다.

지금까지 이효석의 소설 세계는 이국성과 토속성으로 특징지워져 왔다. 그리고 그의 서구 취향은 식민지 제국 대학 영문과 출신 작가의 개인적인 취향이나 기호차원으로 파악되었다. 즉, 이효석은 자신의 전공인 영미권 문학을 탐독한 결과, 서구추종적인 미의식을 드러내게 되었다는 말이다. 그러나 유행과 대중문화를 통해 그의 문학을 볼 때, 그의 취향이나 인식에는 1930년대 우리 사회의 어떤 대중적인 감수성이 작용하고 있었다는 몇 가지 단초를 발견할 수 있었다.

이효석의 작품들에서 우리가 확인할 수 있는 것은 문학에 스며든 대중적인 감수성이다. 그러나 그것은 통속성이라고 한마디로 처리해버릴 성질의 것은 아니다. 그 작품들은 표면들이 만들어내는 세계, 그리고 그것이 삶의 모델이 되는 세계가 시작되었다는 것을 우리에게 알려주고 있다. 상품과 광고, 그리고 대중매체가 만들어내는 매끈한 표면의 이미지들은 유행의 형태로 1930년대 사람들의 삶에 스며들어 내적인 측면을 침식시키고, 주체를 새롭게 변모시켰던 것이다.

백화점과 소비의 몽환극

진고개로 몰려드는 사람들

1930년대의 서울, 즉 경성은 일제의 도시계획에 따라 새로 확충된 도로로 인해 공간적으로 크게 두 부분으로 나뉘어 있었다. 북촌이라고 불리는 조선인 거주 지역과 남촌이라고 불리는 일본인 거주 지역이 그것이다. 그리고 북촌과 남촌을 중심으로 종로와 본정(명동)이라는 두 상권이 형성된다. 우리가 「장군의 아들」이나 「야인시대」 등을 통해 잘 알고 있는 김두한과 하야시 패거리들의 대결은 바로 이 큰 두 상권을 배경에 두고 있었다.

그런데 이 당시 종로의 상인들은 큰 고민에 빠져 있었다.

사람들이 엄연한 조선인들이 운영하는 민족(!)상점들을 놓아두고 굳이 힘들게 전차를 타고, 일본어를 제대로 못해서 벙어리 행세를 해가면서도 진고개로 달려가 물건사기를 좋아했기 때문이다. 그래서 1932년 『별건곤』에 실린 한 기사에서는 이렇게 푸념을 해놓고 있다. "남대문통이나 진고개를 지나보신 이면 누구나 흔히 눈에 띄는 일이겠지만, 정자옥, 평전상점 같은 큰 상점에는 언제나 조선 여학생, 신식부인들로 꼭꼭 차서 불경기의 바람이 어디서 부느냐하는 듯한 성황, 대성황으로 상품이 매출되니 그곳들이 특별히 값이 싸서 그런가요. 그렇지 않으면 무엇에 끌려서 그러는지 알 수 없습디다."

'필요'에 의해 상품을 구매하는 사람들은 그 이유를 알 수 없을 것이다. 옷은 몸만 가리고 추위만 피하게 해주면 된다는 생각을 가진 사람들은 한 벌에 몇 십만 원씩 하는 옷을 할부로 나누어 힘겹게 구입하는 사람들을 이해할 수 없듯이 말이다. 그러나 사람들은 본능적으로 알게 된다. 처음에는 물건 자체가 상품의 가치가 되지만 점차 품질이 중요시되고, 그러다가 기술이 발달해서 품질이 평준화되면 그 다음으로는 상품을 둘러싼 분위기(브랜드, 기호가치)가 상품의 가치가 된다는 것을 말이다. 1930년대의 경성사람들이 진고개에 달려간 이유는 그곳에 자리 잡고 있는 정자옥, 평전상점 같은 백화점이 발산하는 그러한 분위기 때문이었다고 한다면 지나친 과장일까.

백화점의 유혹

1930년대 경성에는 1932년 1월 종로 네거리에 동아백화점이 들어서기 전까지는 일본인 상인들이 설립한 미쓰코시(삼월), 조지아(정자옥), 미나카이(삼중정), 히라타(평전)백화점 등 4개의 백화점이 있었다. 물론 모두 일본인 상가 지역에 밀집해 있었다. 1906년 미쓰코시 오복점으로 출발한 미쓰코시백화점은 1930년 10월에 현재의 신세계백화점 자리에 신축, 개점했다. 360명의 종업원을 거느린 4층 건물로 조선과 만주를 통틀어 최대의 백화점이었다고 한다. 또 1904년 경성에 자리 잡은 조지아(정자옥)는 1921년 구미도파백화점 자리에 백화점을 설립했고, 1929년과 1939년에 건물을 증축했다. 한편 1904년경부터 충무로에서 평전상점을 경영하였던 평전가는 1926년 주식회사로 변모하면서 히라타백화점을 설립했다. 1911년 본정에 들어온 삼중정오복점도 1922년 주식회사로 조직을 개편하면서 백화점을 열었고, 1929년 6층 건물로 증축하면서 대형백화점으로 거듭났다.

이 백화점들로 인해 본정, 즉 진고개는 이미 1920년대 말부터 '불야성을 이룬 별천지'였다. "조선은행 앞에서부터 경성우편국을 옆에 끼고 이 진고개를 들여다보고 갈 때에는 좌우로 즐비하게 늘어선 상점은 어느 곳을 물론하고 활기가 있고 풍성풍성하며 진열창에는 모두 값진 물건과 찬란한 물품이 사람의 눈을 현혹하며 발길을 끌지 않는 것이 없다. 더구나 사람의 마음을 들뜨게 하는 봄철의 밤이나 사람을 녹일 듯한 여름 밤에 이곳을 들어서면 백화가 난만한 듯한 장식이며 서늘한 맛이 떠도는 갖은 장치가 천만촉의 휘황전등불과 아울러 불야성을 이루는 것을 볼 때에는 실로 별천지에 들어선 느낌을 주는 것이다."

백화점 안에 가득 차 있는 여러 가지 물건들과 그 속에서 일하는 상냥한 점원들, 그리고 쇼윈도우와 에스컬레이터 등은 사람들의 정신을 빼앗을 만큼 황홀하고 새로운 것들이었을 것이다. 또한 사람들은 이국적인 내부 장식과 쇼윈도우의 디스플레이를 통해 상품을 둘러싼 환상을 제공받았을 것이다. 한마디로 백화점이 손님을 끄는 방식이란 상품을 구매하라, 그리하면 세상에서 가장 고귀한 존재가 된 것처럼 대접해 주겠다는 것이 아닌가. 게다가 백화점은 꼭 상품을 사지 않더라도 구경거리 자체를 제공한다. 백화점에서의 소비는 이러한 즐거움을 담고 있으니, 사람들이 백화점에 몰리는 것은 당연하다. 2000년대를 살아가는 우리도 바로 그러한 이유 때문에 재래시장을 외면하고 백화점으로 향하지 않는가.

민족백화점의 탄생

종로의 상인들도 그 사실을 뒤늦게 깨닫고 손님들을 불러모으기 위해 여러 가지 판매법을 연구하게 된다. 조선인 상점에는 진열장에 대한 고려가 부족하다는 의견도 찾아볼 수 있고, 또 좋은 서비스를 제공하기 위한 방법도 고려하고 있었음을 당시의 기사를 통해 알 수 있다. 그런 끝에 드디어 1932년 조선인에 의해 화신백화점과 동아백화점이 개점된다. 화신은 예전의 목조 2층 건물을 콘크리트 3층 건물로 증축하여 1932년 5월 10일 근대적인 백화점으로 새롭게 출발했고, 동아백화점은 그보다 앞서 1월 4일 지하1층, 지상4층의 건물로 개장했다. 이 두 백화점은 경품으로 주택을 내걸 정도로 치열하게 경쟁하다가 결국 1932년 7월 16일 화신이 동아를 인수합병하게 된다.

이 두 백화점의 등장으로 꽤 많은 조선인들은 불편한 마음으로 일본인 백화점을 찾는 대신 맘 편하게 '민족백화점'을 찾을 수 있었을 것이다. 화신백화점의 신문광고에는 조선인들의 그런 마음을 이용해 경영전략으로 조선인 유일의 '민족백화점'임을 강조함으로써 조선인의 백화점 애용을 호소해서 큰 성공을 거두었던 것을 보면 그 점을 잘 알 수 있다. 물론 '민족백화점'의 강조는 상업전략의 하나였을 뿐이다. 왜냐하면 화신백화점의 박흥식은 중일전쟁 이후 '민족백화점'의 깃발을 내리고 적극적인 친일파로 변신했기 때문이다. 조선인이 화신백화점을 이용한다는 사실은 다만 심리적인 만족일 뿐이었다.

어쨌든 진고개의 백화점들과 종로에 생긴 조선인의 백화점들을 통해 1930년대의 경성사람들은 끊임없이 소비욕망을 자극하는 근대적 상품경제와 정면으로 마주치게 되었고, 상품을 둘러싼 의미 혹은 기호를 소비하기 시작하게 되었다.

상품을 둘러싼 기호의 소비

이와 같은 백화점의 쇼윈도우는 새로운 유행을 전파하는 공간이 되었다. 광고와 함께 도시에서 우리 소비활동의 흐름의 중심이 되는 쇼윈도우는 유행의 논리를 끊임없이 전파하여 전 사회를 균질화시키는 커뮤니케이션이 이루어지는 장소다. 쇼윈도는 거리의 일부이면서 동시에 투명한 유리의 뒤에서 끊임없이 사람들로 하여금 욕구불만을 불러일으킨다. 그럼으로써 상품의 구매를 촉진시킨다. 그래서 1930년대 경성사람들도 "이 진열장 앞을 오기만 하면 이 유행균의 무서운 유혹에 황홀하여 걸음 것기를 잊고 정신이 몽롱화하며 다 각각 자기의 유행세계를 설계하려" 들었던 것이다.

원래 자본주의적 상품경제는 이처럼 유행과 대중매체를 통해 끊임없이 욕망을 표준화한다. 그리고 상품의 소비를 통해 표준화된 욕망을 충족시키도록 요구한다. 1937년 『조광』 4월호에 실린 「백화점 풍경」의 한 대목을 보면, 당시의 유명배우 '일리안 키쉬'나 '꾸레타 갈보'처럼 되고 싶은 욕망의 충족을 위해 두 남녀가 일금 9십8원을 주고 사진기를 사는 광경이 적혀 있다. 마치 요즘 이효리처럼 되고 싶은 욕망의 충족을 위해 젊은 여인들이 주름바지를 사 입는 것과 똑같은 행태가 당시에도 펼쳐지고 있었다.

가장(假裝)하고 나타난 근대의 메이크업

그러나 한편으로 당시에 백화점을 드나들 수 있는 사람은 상류계층 뿐이었다. 백화점이 약속하는 풍요와 인공낙원과 같은 이미지는 당시 대다수의 식민지 사람들에게는 헛된 가상이자 기만적인 약속일 뿐이었다. 식민지 경제는 1930년대 중반을 넘어서면서 더욱 악화되어 갔고, 실업자 수도 늘어만 갔으며, 근대적 교육기관이 증설된 만큼 이를 졸업한 인텔리층 숫자도 함께 늘어갔지만 이들을 소화할 일자리는 없었다.

따라서 백화점을 진정으로 소비할 수 있는 사람들은 소수일 뿐이고, 대다수의 사람들은 이 소수들이 만들어 내는 욕망의 표준을 충족시키기 위해 값싼 세일 상품을 구매함으로써 자신의 욕망을 대리 충족할 뿐이다. 당대의 모더니스트 김기림은 이 점을 잘 알고 있었다. 그가 "갖고 싶은 것이 무수하게 번식하고 또 그 자극이 쉴 새 없이 연달아 오니까 거기 따라서 사람들이 욕망의 창고에는 빈 구석만 늘어갈 밖에 없다"며 소비도시의 상품경제의 원리와 그것이 자아내는 현실과 가상 사이의 격차를 함께 지적했다. 또한 근대적 백화점의 출현을 "1931년도의 대경성의 주름잡힌 얼굴 위에 가장하고 나타난 근대의 메이크업"이라고 표현한 것은 바로 그와 같은 이유 때문이었던 것이다.

계산된 몽환극

모더니즘의 기수로 알려진 시인이자 평론가 김기림의 시나 수필에는 '바다' 이미지가 자주 등장하는데, 이 '바다' 이미지에는 도시 공간의 풍물이 환기시킨 시인의 경험이 투영되어 있어서 흥미롭다. 우선 다음의 시를 보자.

「마네킹」의 목에 걸려서 까물치는/진주목도리의 새파란 눈동자는/남양의 물결에 젖어있고나./바다의 안개에 흐려있는 파-란 향수를 감추기 위하야 너는 일부러 벙어리를 꾸미는 줄 나는 안다나.//너의 말없는 눈동자 속에서는/열대의 태양 아래 과일은 붉을게다./키다리 야자수는/하늘의 구름을 붙잡으려고/네 활개를 저으며 춤을 추겠지.//바다에는 달이 빠져 피를 흘려서/미쳐서 날뛰며 몸부림치는 물결 위에/오늘도 네가 듣고 싶어하는 독목주의 노젓는 소리는/빼-걱 빼-걱/유랑할게다.//영원의 성장을 숨쉬는 해초의 자지빛 산림 속에서/너에게 키쓰하던 상어의 딸들이 그립다지//탄식하는 벙어리의 눈동자여/너와 나 바다로 아니가려니?/녹쓰른 두 마음을 잠그려가자/토인의 여자의 진흙빛 손가락에서/모래와 함께 새여버린/너의 행복의 조약돌들을 집으러 가자./바다의 인어와 같이 나는/푸른 하늘이 마시고 싶다.//「페이브멘트」를 때리는 수없는 구두소리./진주와 나의 귀는 우리들의 꿈의 육지에 부대치는/물결의 속삭임에 기우려진다.//오-어린 바다여. 나는 네게로 날어가는 날개를 기르고 있다.

(「꿈꾸는 진주여 바다로 가자」, 『김기림전집1』, p.34)

이 시의 화자는 지금 도시의 쇼윈도우 앞에서 '마네킹'을 바라보며 몽상에 잠겨있다.[25] 이러한 상황을 보다 자세히 알려면 「바다의 유혹」이라는 수필을 참조할 필요가 있다.

> 백화점의 「쇼윈도우」속에서는 빨갛고 까만 강렬한 원색의 해수욕복을 감은 음분한 「셀르로이드」의 「마네킹」인형의 아가씨들이 선풍기가 부채질하는 바람에 「게이프」를 날리면서 마분지의 바다에 육감적인 다리를 씻고 있다. 「쇼윈도우」앞에 앞으로 기울어진 맥고모자 아래서는 우울한 눈들이 종이로 만든 명사십리의 솔밭을 바라본다. (「바다의 유혹」, 『전집5』, p.322)

이 대목과 상기한 시를 연관시키면, 김기림에게 떠오른 '바다' 이미지의 발생과정을 짐작할 수 있다. 기림은 경성의 거리를 활보하던 중 백화점의 쇼윈도우 앞에서 눈이 멎었던 것이다. 그 쇼윈도우 안에는 최신 유행 상품인 빨갛고 까만 강렬한 원색의 해수욕복과 '게이프'와 '맥고모자'를 걸친 마네킹이 마분지로 만든 바다모형과 명사십리의 솔밭을 배경으로 전시되어 있다. 쇼윈도우의 풍경은 보는 이에게 단순히 상품을 인지시키는 데 그치는 것이 아니라, 상품을 둘러싼 분위기 자체를 환기시킨다. 그에 따라 쇼윈도우의 마네킹의 파란 눈동자와 진주 알맹이는 남양의 물결과 열대의 태양아래 익어가는 붉은 과일과 야자수를 자연스럽게 떠올리게 하며, 해초와 모래사장, 조약돌, 푸른 하늘을 상기시킨다. 도시의 한가운데서 바다를 몽상하게 하고, 갈망하게 하는 것, 바로 그것이 쇼윈도우의 기능이다.

광고와 함께 도시에서 우리의 소비활동의 흐름의 중심이 되는 쇼윈도는 유행의 논리를 매일 끊임없이 전파하여 전 사회를 균질화 시키는 커뮤니케이션 및 가치 교환이 이루어지는 장소다. 그것은 거리의 일부이면서 동시에 투명한 유리의 뒤에서 상품의 불투명한 지위와 우리 사이의 거리를 유지시킨다. 우리는 윈도우 쇼핑을 하며, 끊임없이 욕구불만을 불러일으켜 상품의 구매를 촉진시키는 그 유리창 너머에서 '계산된 몽환극'을 만나게 된다. 상품을 찬양하기 위해 행해지는 교묘한 몽환극을 보게 되는 것이다. 「꿈꾸는 진주여~」는 이와 같은 '계산된 몽환극'에 대한 시인 나름의 반응을 시화한 것이다.

작가에게 바다의 몽상을 불러일으키는 것은 비단 쇼윈도우뿐만 아니다. 다음 소개할 시를 보면, 백화점을 들어서서 옥상정원으로 올라간 화자는 그곳에서 해수욕장의 「포스터」를 만나게 된다.

> 시민제군, 당신들에게 유쾌한 한 여름을 제공할 만반의 준비를 마치고 당신들을 고대하고 있습니다. XXX해수욕장

(……) (「바다의 유혹」, p.323)

그 포스터 속의 흑인 보이가 흰 이빨을 드러내놓고 빙그레 웃는 모습과 방금 전 바라본 마네킹의 이미지가 한데 합쳐지면서 '토인의 여자의 진흙빛 손가락'을 떠올리게 된다. 이제 도시 공간의 한복판에서 백화점의 쇼윈도우와 해수욕장 전단지라는 광고의 힘으로 바다를 몽상하는 시적화자의 귀에는 '「페이브멘트」를 때리는 수없는 구두소리'까지도 '물결의 속삭임', 즉 파도소리로 들려오게 된다. 그런데 이처럼 바다의 몽상을 불러일으키는 도시풍경의 핵심에는 '백화점'이 놓여있다.

> 오늘도/푸른 바다 대신에 꾸겨진 구름을 바라보려/'엘리베이터'로 오층꼭대기를 올라간다.
> 거기서 우리들은/될 수 잇는 대로 머-리를 고향을 떠나있는 것처럼/서투른 손짓으로 인사를 바꾸고/그리고는 바다까인 것처럼/소매를 훨신 거둬 올리고 난간에 기대서서/동그라케 담배연기를 뿜어올린다. (「바다의 향수」, 『전집1』, p.344)

이 시에서 우리는 김기림의 시에 나타나는 '바다'가 도시의 한 복판에서 꿈꾸는 시적자아의 몽상임을 알 수 있다. 시적자아는 경성의 화신백화점 꼭대기 옥상정원에서 도시를 바라보며 마치 바닷가인 것처럼 몽상에 빠져있는 것이다. 이때 백화점은 거대한 배로 상상되며, 도시는 바다의 이미지로 드러난다.[26] 백화점은 구매 활동의 성질뿐만 아니라 상품을 둘러싼 정보의 성질도 근본적으로 변화시킨다. 그것은 '소비자 라이프스타일'의 출현과 함께 인격과 사물 간의 새로운 상호작용의 방식을 만들어 낸다.[27] 그 안에서 소비자들은 이국적인 세계와 소비재의 환상적인 표현을 흡수하면서 '자유롭게 떠도는 욕망'을 자극받게 되는 것이다.

이렇게 볼 때 김기림이 떠올린 '바다' 이미지에는 쇼윈도우와 해수욕장의 포스터 등이 불러일으키는 인공적인 낙원의 이미지가 짙게 베어 있다. 그 이미지가 부추기는 상품의 매혹은 사람들로 하여금 원초적이고 이국적인 이미지를 연상하게 만들고, 그러한 착각이 들게 함으로써 상품의 소비를 부추길 뿐이다.

「씨네마 풍경」의 일부분 중, "수염이 없는 입들이/'브라질'의 '커피'잔에서/푸른 수증기에 젖은/지중해의 하늘빛을 마십니다."(『전집1』, p.82)라는 대목에서도 우리는 브라질산 커피를 마시면서 지중해의 하늘빛을 떠올리게 하는 상품의 마술적인 힘을 발견할 수 있다. 근대적 소비사회에서 소비란 단순히 상품의 사용가치를 소비하는 것이 아니다. 오히려 그 상품에 부여된 행복, 위세, 분위기 등의 기호적인 의미를 소비하는 것이다. 여기서도 시적화자는 단순히 커피를 마시는 것이 아니라, 그 커피에 부여되어 있는 이국적인 분위기를 소비하고 있는 것으로 드러난다.

도시풍경의 은유적 소묘

김기림의 시와 수필에서 '바다'의 몽상은 여자들을 어족에 비유한 대목에서 확산되어 펴져나가는 경우가 종종 등장한다.

> 캐베지와 같이 아침 이슬에 젖어 쓸어진/비치 파라솔.//오색의 인어들은 어린 어족들의 종족./지느러미와 같은 치맛자락이/함뿍 바다바람을 물고 볼을 타더니……/구월이 거리에서 분주히 그들을 불러간 뒤/허-연 호텔은 줄이 끊어진 기타-./게으른 흰 구름이 빨간 지붕 위로 낮잠을 자러온다.//지금 바다는 오래간만에 그의 정적을 회복하야/오늘은 갈매기의 날개를 어루만지는 오래인 늙은이다. (「해수욕장」 전문, 『김기림전집1』, p.102)

이 시에서도 시적화자는 거리 한가운데서 바다를 떠올린다. 칠월 여름에 거리를 온통 뒤덮었던 해수욕장을 연상케 한 여러 풍경들이 사라진 9월의 거리는 어떤 모습일까. 김기림은 그 모습을 정적을 회복한 바다로 이미지화한다. 이때 몽상의 매개체는 양배추처럼 찌그러진 호텔의 비치파라솔과 함께, 특히 여자들의 지느러미와 같은 치맛자락이다. 이런 대목은 그의 시에 종종 등장하는데, "너에게 키쓰하던 상어의 딸들이 그립다지"(「꿈꾸는 진주여 바다로 가자」), "작은 어족의 무리들은 일요일 아침의 처녀들처럼 꼬리를 내저으면서 돌아댕깁니다"(「바다의 아침」), "아가씨들이 갑자기 어족의 일가인 것을 느끼는 칠월/(……)/아가씨의 등에서 지느러미가 자라나는 칠월"(「칠월의 아가씨 섬」)에서처럼 여인들의 치맛자락에서 어족을 상기하고 나아가서 바다를 떠올리는 것은 아마도 치마가 하늘하늘 날리는 모습이 지느러미를 연상시키고, 그 바다빛 색깔이 바다를 연상시켰기 때문일 것이다. 이것은 비단 김기림에게만 특징적인 것은 아니었다.

> 바다빛 치마가 물고기같이 금실거리는 엉덩이를 휘감으면서 나붓길 때에 피녀의 몸은 임이 바다를 헤엄쳐서 나아가는 그 쾌감을 먼저 가진듯이 보라! 피녀의 은어가티 율동하는 가슴팍과 사지를, 백화점 진열창에는 어찌해서 아직도 해수욕복이 걸리지 안았는지 금년에는 해수욕복 무용이라고 했으면 피녀는 오죽이나 기뻐할 것인가. (「푸른 깃폭, 오십전짜리 넥타이」, 『오월의 스켓취2』, 「조선일보」, 1934.5.13)

이 인용문을 살펴보면 해수욕장을 연상시키는 여성들의 노출패션과 당시에 유행했던 바다빛 치마의 푸른 빛, 그리고 그 당시 거리를 걷는 여성들의 육감적인 율동을 통해 당대의 식민지인들은 도심의 한가운데서 바다의 심상을 떠올렸던 모양이다. 김기림의 시에 나타난 바다의 이미지들은 이와 같은 당대인들의 감각을 정확히 반영하고 있었던 것이다.

한편, 물고기의 이미지는 채울 길 없는 상품에의 거짓 욕망에 붙들린 여성을 의미하기도 한다. 그는 「인형의 옷」에서 "현란한 오늘의 우리 의상문화가 어떤 난숙한 문명의 말기적 징후와 일맥상통한 것"이 있다고 지적하면서 "조선 여성의 의상이 어느새 '인형의 옷'이 되었다"고 비판한다.(『전집6』, p.46) 실제로 당대의 신문기사면을 보면 '여학생'이나 '모던걸'들이 아무런 의식 없이 근대 상품에 탐닉해 있는 모습으로 자주 형상화되었다. 기말시험을 마치고 고향에 내려가는 '여학생'들의 손에 '미쓰고시'나 '조지야'백화점에서 산 화장품들이 들려 있고(「1930년 여름5」, 『조선일보』, 1930.7.19), 통근, 통학하는 전차 안의 손잡이를 들고 잡고 선 '모던걸'의 팔뚝에는 '황금시계와 보석반지'가 번쩍인다는 신문기사(「모던걸의 장신운동」, 『조선일보』, 1928.2.5)를 보면 이러한 측면을 확인할 수 있다.

더 나아가서 '물고기'의 이미지는 한편으로 도시거리를 활보하며 상품이 뿜어내는 환각에 무비판적으로 도취되어 '혼을 잃어버린' 군중들의 이미지로 확대된다. 「찡그린 도시풍경」의 "5색의 인조견에 휩싸인 이 도시의 오래인 주민인 아낙네들이며 젊은이들도 구경꾼들 속에 무수히 섞여서 물고기떼와 같이 이리 몰리고 저리 몰리며 자못 만족한 웃음을 에그소틱한 행렬 위에 부리며 목마와 같이 입을 벌리고 서있다."는 대목을 보면 '물고기떼'는 상품에 혼을 빼앗긴 의식 없는 군중의 모습으로 느껴진다.[28)]

그런데 이 같은 어족들이 쏟아져 나오는 도회의 밤거리를 스케치한 「도시풍경 1,2」에서 기림은 도시의 밤을 "홍분이 백도로 비등하는 복숭아빛의 시간"으로 묘사하면서, 그것이 뿜어내는 유혹을 함께 언급한다. 그가 스케치한 도시의 밤풍경은 현대의 그것과 그리 다르지 않다. '밤하늘을 채색하는 찬란한 일루미네이션'과 엘리베이터, 옥상의 인공식 정원, 식당의 웨이트레스와 자극적 음료, 강한 케이크 냄새, 그리고 무엇보다도 최저가로 때로는 무료로 얼마든지 제공되는 여점원의 '복숭아빛의 감촉' 등은 사람들을 사로잡고, 난간에 비껴서서 층층대를 올라가는 미끈한 여자의 비단양말에 싸인 다리와 높은 '에나멜'의 구두 뒤축은 '수신교과서', 즉 윤리교과서를 잊게 만든다. 술취한 재즈가 카페의 유리창을 넘어 거리로 흘러넘치면, 음분한 어족과 같은 사나이와 여자의 마음이 조금씩 움직이고, 거리의 곳곳은 '에나멜'의 감각이 넘쳐흐른다. 쇼윈도우의 화사한 인형과 박래품의 모자와 넥타이 앞에서 '불건전한 몽유병자'의 무리들은 넋을 잃고 늘어서 있다.[29] 이처럼 밤마다 유혹과 화려함이 흘러넘치는 도시의 밤거리를 기림은 방탕한 동요를 떠올리게 하는 바다[30]의 이미지로 나타낸다.

> 높은 한울의 별에 달리는 수도원의 여승들의 염주를 헤이는 소리 소리 소리－/메말은 개천의 잠든 하상에 돌맹이를 베고 미꾸라지는 '가르랑 가르랑' 텅 빈 창자를 틀어쥔다 천기예보에는 아직도 비 이야기가 없다./깊은 공기의 堆積알에 자빠진 거리 우를 葡萄酒의 물결이 흐른다 조개의 가벼운 속삭임－/'네온사인'처럼 투명한 바다풀의 유혹－바

다는 푸르다/사람들은－본능적인 어린 어족의 무리들은 그 물을 뚫고 시든 심장을 들고 바다의 서늘한 바람으로 뛰어 나온다/꿈의 조악돌을 담은 '빠스켓'을 들고 푸른 날개를 흔들며 천사와 같이 '삘딩'의 우울한 지붕 우를 날아오는 초저녁별－/어서와요 푸른 천사여 나의 꿈은 지금 나의 차디찬 침실에서 시들었습니다 꺼구러진 나의 화병에 당신의 장미의 꿈을 피우려 아니옵니까. (「저녁별은 푸른 날개를 흔들며」 전문, 『전집2』, p.273)

위 시의 이미지를 유심히 살펴보면 화려한 도시의 밤풍경을 바다의 이미지를 빌어 제시하고 있다는 사실을 파악할 수 있다. 거리 위에 포도주의 물결이 흐른다는 진술은 바로 그 다음 행에 제시된 '네온사인'의 푸른 불빛의 점멸에서 물결의 흐름을 연상한 것이다. 그 푸른 네온사인 불빛 아래에 어족의 무리가 바다의 서늘한 바람으로 뛰어나온다는 대목 역시, 그 다음 행과 연결해서 살펴보면, 푸른 네온사인 아래에서 바닷빛 치마를 입고 백화점에서 저마다 욕망의 충족을 약속하는 상품들을 구매하고 백화점문을 나서는 당대의 모던걸들을 손쉽게 떠올릴 수 있다.

그러나 이 시에서 시적화자가 도시풍경을 바라보는 태도는 결코 명랑하거나 경쾌하지 않다. 이 시의 전반에는 음울한 정조가 깃들어 있으며, 이러한 우울의 정조가 그의 바다 이미지의 한 축을 차지한다. 시 전체에 흐르는 이 같은 우울은 어디서 비롯한 것일까.

그 일단을 우리는 실업자의 이미지에서 찾아볼 수 있다. "쇼윈도의의 마네킹 인형은 홋옷을 벗기우고서/셀룰로이드의 눈동자가 이슬과 같이 슬픕니다.//실업자의 그림자는 공원의 연못가의 갈대에 의지하야/살진 금붕어를 호리고 있습니다." (「가을의 태양은 플라타나의 연미복을 입고」, 『전집2』, p.113)라는 구절을 보자. 여름이 지나가면 백화점에서는 쇼윈도우 속의 마네킹에게서 해수욕복을 벗겨낸다. 얇은 해수욕복마저 벗겨진 마네킹에게 작가는 실업자의 슬픔을 이입시켜 놓았다. 태양이 연미복을 입고 거리를 산보한다는 아주 화려하고 수사적인 시적발상에도 불구하고 이 시의 주된 정서가 우울로 가득 차 있는 것은 시적화자가 결코 행복한 일상의 영역에 놓여 있지 못하기 때문이다.

1930년대의 중반을 넘어서면, 식민지 경제는 악화되어 실업자의 수는 늘어만 갔으며, 근대적 교육기관이 증설된 만큼 이를 졸업한 인텔리층 숫자도 함께 늘어갔지만, 이들을 소화할 수 있는 '월급쟁이'의 자리는 점점 줄어들고, 그에 따라 고급실업자는 더욱 양산될 수밖에 없었다. 전문학교를 우수한 성적으로 졸업했어도 취직운동을 할 만한 '운동자금'이 없으면 쉽게 취직하기도 힘든 것이 당시의 상황이었다. 설사 취직자리를 얻었다고 해서 생활이 넉넉해지는 것은 아니었다. 힘들기는 '월급쟁이'나 취직을 못한 '실업자'나 비슷했다. 거리엔 '모던걸'들이 화려한 몸짓으로 활보해도, 가난한 그들에게는 접근하기 힘든 것이었다. 이러한 처지는 모던걸들이 유발하는 에로티시즘과 맞물려 우울을 유발한다.

> 그렇지만 그의 무섭게 패인 눈자위는 그래도 고운 색채를 잊을 수가 업서 모던걸의 고무풍선같은 다리를 외면할 수가 없는 듯 그런 여자의 시선이 자기의 시선과 마주칠때, 제 주제를 살피고 고개를 푹 숙이고 얼굴이 벌개지는 것도 인테리의 앙증스러운 순정이라 할가.(……)//그것만 입고 나서면 그의 꿈은 다시 일어난다. 아름다운 여자-탕고-월스 그렇지만 입은 양복에 배고 밴 '나프타린' 내음새가 코를 찌를 때, 그는 비애를 느낄 것이다. (「고물상 양복」, 『만문만화, 만추풍경1』, 『조선일보』, 1933.10.20)

이미 학생시절 근대적인 거리 풍경에 도취되었던 인텔리들에게 가두의 모던걸이 뿜어내는 에로틱한 분위기는 견디기 힘든 유혹이었던 듯 하다. 빠듯한 형편에도 양복은 입어야 그가 학창시절 누렸던 모던한 분위기를 느낄 수 있었던 것이고, 이에 가난한 인테리들은 고물상 양복을 구해 입는다. 그 순간 그에게는 다시 도시의 몽환, 즉 예쁜 여자, 탱고, 왈츠 등이 떠오르지만, 이내 양복에 베어있는 나프탈렌 냄새에 자신의 처지를 깨닫고 우울을 느끼는 것이다. 멋진 모던걸은 그림의 떡일 뿐이다. 따라서 위에 인용한 시의 마지막 구절, "어서와요 푸른 천사여 나의 꿈은 지금 나의 차디찬 침실에서 시들었습니다 꺼구러진 나의 화병에 당신의 장미의 꿈을 피우려 아니옵니까―"와 같은 대목은 이와 같은 맥락에서 좌절한 인텔리의 탄식으로도 읽을 수 있는 것이다.

이처럼 근대적인 도시풍경이 약속하는 풍요와 에로틱한 정취의 인공낙원은 당시 식민지인들, 특히 인텔리에게는 일상의 영역이 아니라 헛된 가상이자 기만적인 약속일뿐이었다. 김기림은 현대인의 신경쇠약의 원인을 이 같은 괴리에서 찾고 있다. "현대의 그 난만한 신경질의 교사자는 물론 문명"이며 "갖고 싶은 것이 무수하게 번식하고 또 그 자극이 쉴 새 없이 연달아 오니까 거기 따라서 사람들의 욕망의 창고에는 빈 구석만 늘어갈 밖에 없다. 그 빈 구석을 메꾸고 타오르는 것은 울화의 불길"(「공분」, 『전집5』, p.241)이라는 설명은 소비도시의 상품경제의 원리이자, 그것이 자아내는 현실과 가상 사이의 격차를 드러낸다. 따라서 기림의 시 곳곳에 등장하는 음울한 바다의 이미지는 도시의 화려한 풍경과 실제적인 일상의 삶 사이의 간극이 드리우는 그림자이기도 했던 것이다.

재난의 그림자가 드리운 도시적 삶

김기림의 시들 가운데 '비행기', '기차', '전차', '배', '윤선' 등의 시어가 등장하는 시들 가운데 몇몇은 계획된 몽환극으로서의 바다이자 화려한 소비도시의 환각으로 넘쳐흐르는 바다(도시)의 한가운데에서 또 다른 바다[31]를 꿈꾸며, 탈출에의 욕망을 드러낸다. 하지만 결국에는 대개 탈출이 불가능한 것으로 표현된다. 「오후의 꿈은 날줄을 모른다」(『전집2』, p.19)에서는 '날어갈 줄을 모르는' 날개로 나타나며, 「해도에 대하여」(『전집2』, p.24)에서는 무엇이고 차별할 줄 모르는 무지한 검은 액체의 범람속에서 작은 탐험선인 지구가 그 방향을 잃고 어느 구석에서 해도를 펼쳐야 할지 모르겠다고 술회한다. 「화물자동차」(『전집2』, p.21)에서는 "차라리 화물자동차라면 꿈들의 파편을 걷어실고 저 먼-항구로 밤을 피하야 가기나 할터인데…….."와 같은 시행을 통해 탈출에의 욕망이 좌절되고 있음을 암시한다.

> 「레일」을 쫓아가는 기차는 풍경에 대하여도 파랑빛의 「로맨티시즘」에 대하여도 지극히 냉담하도록 가르쳤나 보다. 그의 끝없는 여수를 감추기 위하여 그는 그 붉은 정열의 가마 우에 검은 동철의 조끼를 입는다./내가 식당의 「메뉴」뒷등에/(나로 하여금 저 바닷가에서 죽음과 납세와 초대장과 그 수없는 결혼식 청첩과 부고들을 잊어버리고/저 섬들과 바위의 틈에 섞여서 물결의 사랑을 받게하여 주옵소서)/하고 시를 쓰면 기관차란 놈은 그 둔탁한 검은 갑옷 밑에서 커-다란 웃음소리로써 그것을 지워버린다./나는 그만 화가 나서 나도 그놈처럼 검은 조끼를 입을가 보다하고 생각해 본다. (「기차」전문, 『전집2』, p.18)

김기림은, "'파리'의 '러쉬아워'가 '몽파르나스'의 포도 위에서 화죽과 같이 폭발할 때 '무서운 어린애'인 '장 콕도'는 '카페'의 대리석 '테블'에 기대어 정가표의 뒷등"에 "내 귀는 조개 껍질, 언제나 바다의 소리를 그리워한다"[32]라고 시를 쓰는 것처럼, "식당의 '메뉴' 뒷등에/(나로 하여금 저 바닷가에서 죽음과 납세와 초대장과 그 수없는 결혼식 청첩과 부고들을 잊어버리고/저 섬들과 바위의 틈에 섞여서 물결의 사랑을 받게하여 주옵소서)"라고 시를 쓴다.

이 부분에서 우리는 기림이 근대적인 도시에서의 삶이 숙명적임을 감지하고 있음을 알 수 있다. 단지 어딘가 있을 원초적인 바다를 그리워할 수 있을 뿐, 서있는 곳은 언제나 도시일 수밖에 없는 것이 근대인의 삶이다. 도시의 상품경제 시스템에 일단 포섭된 사람들은 언제고 도시 언저리를 맴돌 수밖에 없는 것이다. 그들에게 돌아갈 원초적인 고향이나 낙원 같은 것은 애당초 남아있지 않다. "쓰레기통과 같은 더러운 거리-. '이브'의 발꿈치를 물은 뱀이 온 것같이 차디찬 거리-. 천하의 젊은이의 그것은 그대들의 고향이 아닐까.(……) 지금 나는 나의 '노스텔자(향수)'를 코를 싯은 종이와 함께 하수도에 던져버립니다."(「앨범에 붙여둔 노스탈자」, 『전집5』, p.302)는 대목에서 우리는 이미 낙원을 잃어버린 근대인의 모습을 떠올릴 수 있다.

기림은 도시를, 이브를 유혹한 뱀에 비유하고 있다. 도시가 뿜어내는 상품경제의 매혹은 우선 세상의 이브들을 소비에의 욕망으로 끌어들인다. 또한 여성들의 인공적인 에로티시즘은 남자들의 지갑이 두툼해지기를 요구하며, 그들을 "심장과 뇌수를 「보너스」와 월급에 팔아버린 기계인간"(「도시풍경1,2」, 『전집5』, p.389)으로 전락시키는 것이다. 그래서 근대를 살아가는 남자들에게 '생활'이란 '메피스토펠레스의 찬웃음이 벙글거리고 있는 생활'(「생활과 파랑새」, 『전집5』, p.183)이다. 끊임없는 유혹과 노동이 있을 뿐, 그곳에서 빠져나오기란 불가능한 것으로 여겨진다.

> 루비 에메랄드 싸파이어 호박 비취 야광주……/「아스팔트」의 호수면에 녹아내리는 네온사인의 음악./고양이의 눈을 가진 전차들은(대서양을 건너는 타이타닉호처럼)/구원할 수 없는 희망을 파묻기 위하야 검은 추억의 바다를 건너간다.//그들의 구조선인 듯이/종이양산에 맥없이 매달려/밤에게 이끌려 헤엄쳐가는 어족들/여자-/사나히-/아무도 구원을 찾지 않는다.//밤은 심해의 첨단에 좌초했다./S O S O S/신호는 해상에서 지랄하나/어느 무전대도 문을 닫았다. (「비」 중에서, 『전집2』, p.25)

비 오는 도심의 거리를 스케치한 이 시는 아스팔트와 네온사인, 전차 등의 근대적 문물과 '여자'와 '사나히' 등의 익명의 군중들의 표정을 심해를 항해중인 타이타닉호의 재난 이미지와 연결시키고 있다. 배는 좌초한 상태이고 조난 신호마저

두절된 상황은 결국 탈출에의 열망이 불가능함을 환기시키고 있는 것이다. 이때 도시적 삶 전체를 은유하는 바다의 이미지에는 재난의 그림자가 드리워져 있다.

기림이 볼 때 이 같은 도시의 근대적 삶으로부터 빠져나올 수 있는 방법은 영웅의 길뿐이다. 모든 것을 단념하여 가족과 처자와 지위를 버리고 욕망의 불덩이인 육체를 고행으로 다스려가는 수도승의 생애(무에 접하는 것)와 끝없이 새로운 것을 욕망하고 추구하고 돌진하고 대립하고 깨트리고 불타다가 생명의 마지막 불꽃마저 꺼진 뒤에야 그치는 생활태도, 이 두 가지 길을 김기림은 모두 영웅의 길로 상정하고 있다. 하나는 적멸의 길이요, 하나는 건설의 길이다.[33]

그가 "예외로 내 의지 아닌 것에 끌리지 않고 스스로의 생을 창조해 가려는 무모한 영웅들도 있다. 모든 벗들이 인생의 나래 아래서 가정을 가지고 예금을 가지고 전지를 가지고 번영할 때 영웅은 사장을 피로써 물들이고 자빠진다."(「산」, 『전집5』, p.176)고 말하며 그 영웅 가운데 천재시인 이상을 포함시킨 것이나, 이상을 '제우스'(「고 이상의 추억」, 『전집5』, p.416)에 비긴 것은 이처럼 근대인의 운명("환경의 힘이 도저히 인력으로 제어할 수 없이 압도적으로 커보일때에 사람들은 그것을 운명이라고 부르고 소름친다.", 「산」)을 깨뜨리고 스스로의 생을 창조하려는 영웅의 모습을 이상에게서 보았기 때문이다. 기림이 보기에 이상은 "인생의 절망으로부터 도망하려고 하는 악착한 일루의 희망을 가지고, 여행에 구원의 혈로를 구한"(「여행」)

이래 그것을 직접 실험한 위대한 영웅의 모습이었던 것이다.

이렇게 보면, 김기림이 설정한 근대적 삶의 운명이란 것이 아주 소박한 도식으로 보이기도 한다. 그가 상품에 혼을 빼앗긴 1930년대 여성들의 감각적 지각형식의 변화를 추적하고 자본주의적 사회의 제 성격과 관련하여 이를 진단했다면 깊은 수준을 성취했을 지도 모른다. 그러나 기림은 단지 단편적으로 상품에 넋을 빼앗기는 여성들의 물질적 욕망에 대한 비판을 하면서 도시 거리의 유혹에 너무 쉽게 굴복해버렸고, 그래서 그는 '생활'의 늪 속으로 스스로 걸어 들어갔던 것이 아닌가 싶다. 그렇기 때문에 그는 물질문명의 가능성에 대한 기대를 쉽게 포기할 수 없었고, 또 해방 후, 낙관적인 전망으로 너무나 쉽게 돌아설 수 있었던 것일 지도 모른다.

그러나 이러한 그의 도시체험 역시도 식민지 시기 경성에서 이루어졌던 근대성의 경험에 대한 소중한 문학적 기록임에 틀림없다. 문학론과 달리, 그의 시와 수필은 그가 실제적으로 체험하고 느끼고 감각한 구체적인 경험에 의해 씌어졌다. 그렇기 때문에 우리는 그의 글쓰기를 통해 근대적인 소비문화의 전개가 어떻게 인간의 삶과 존재방식에 영향을 미치는지를 극명하게 파악할 수 있다.

소비문화의 확산과 '구별 짓는 주체'의 등장

이념의 상대화와 신성한 대체물 찾기

김남천은 식민지 시대의 대표적인 경향파 문학 비평가이다. 그는 1935년 카프 해산 이후 약 2년 동안 문학 활동을 중단한다. 그랬다가 1937년부터 다시 활동을 재개하면서 자신의 문학세계에 새로운 전환기를 맞이하게 된다. 그런데 이 김남천이라는 작가가 문제적인 것은 그의 문학적 전환이 당대 사회의 변화와 긴밀하게 연결되어 있기 때문이다.

김남천에게 있어서 1934년 카프, 즉 조선 프롤레타리아트 문학 동맹의 해산이라는 사건은 절대화된 마르크스주의 이념에 대한 반성을 가능하게 하는 하나의 계기였다. 그러나 그와 동시에 카프의 해산은 작가에게 '과학적 비평'의 기준, 즉 문학의 기준이자 삶의 기준점이 붕괴되는 듯한 상황이었을 것이다. 그와 같은 이념의 붕괴가 남기는 여파는 크다. 그 이념을 절대적으로 의지하고 신념처럼 간직했던 사람에게는 특히 그러할 것이다. 김남천의 경우가 그랬다. 그에게 절대적이었던 그 이념을 둘러싸고 있는 신성함은 유행 속에 풍문 속에 사라져 버렸다. 갑작스럽게 삶의 기준이나 판단의 척도가 사라져 버린 상황, 그 상황이 1930년대 우리 사회에 펼쳐졌던 것이다. 마치 1990년대 초반 동구권이 붕괴되면서 우리 사회의 많은 지식인들이 방황했던 것처럼 말이다. 이와 같은 상황을 1930년대의 지식인 김남천은 어떻게 대응했을까.

이 당시, 김남천의 내면을 파악할 수 있는 소설이 바로 1937년 6월에 문단활동을 재개하면서 들고 나온 「처를 때리고」(『조선문학』속간11, 1937. 6)이다. 이 소설은 아내와 남편에게 시점이 골고루 배치되면서, 이른바 전향한 '이념형 인물'인 남편과 '생활형 인물'인 아내 사이에 균형 잡힌 시각을 확보하고 있다. 적어도 1930년대 전반기 작가의 창작 활동 속에는 이와 같은 생활형 인물의 목소리가 비집고 들어올 자리는 없었다. 그만큼 자신의 신념에 철저했기 때문이다.[34] 그러나 이 작품에서는 그토록 매달렸던 마르크스주의라는 이념이 그 절대성을 상실하고 상대화되고 있는 당대의 상황에 대해 작가가 느끼는 당혹스러움을 발견할 수 있다.

자신의 청춘과 정열을 모두 쏟아 부었던 신념이 상대화되고 타락해서 유행수준으로 떨어질 때 그 사람에게는 어떤 일이 벌어질까. 가장 먼저 남루한 일상과 처참한 처지에 놓인 가족의 모습이 눈에 들어오게 되지 않을까. 또 한편으로는 자기 자신이 존중받을 수 있는 그 무엇을 찾는 일, 즉 기표로만 존재하는 신성함을 채울 그 무엇이 필요하지 않을까. 이러한 상황에 직면했던 작가 김남천이 처음으로 눈을 돌린 대상이 '사랑'의 문제이다.

어린 소년화자가 등장하는 작품군들인 「남매」(『조선문학』속간9, 1937.6), 「소년행」(『조광』, 1937.7), 「무자리」(『조광』, 1938.9), 「누나의 사건」(『청색지1』, 1938.6) 등에는 '누이의 사랑'이라는 모티프가 반복해서 나타난다. 「남매」의 주인공 봉근이의 누이는 돈 없고 구차한 세무서 다니는 윤재수를 좋아한 나머지 기생이지만 결코 다른 사나이와 잠자리를 같이 하지 않는다. 그런 누이의 모습을 보고 봉근이는 '무슨 숭고하고 신성한 것을 발견한 것 같이 누이가 우르러 뵈였다'[35]고 말한다. 누이가 몸을 판다면, 봉근이네 생활형편은 좀더 나아질 수 있다. 그렇지만 그런 어려운 가정 형편에도 불구하고 누이가 가난한 윤재수와 함께 있기를 바라는 봉근이의 마음은 바로 김남천의 마음이다. 물질적인 가치가 판을 치는 세상에서 그것들을 뛰어넘는 숭고함을 가난한 사랑에서 찾고자 한 것이다.

기생인 누이가 '숭고하고 신성'하게 보이는 까닭은 그의 '사랑' 때문이다. 이념이 서슬 퍼런 시기일 때에야 '사랑'이라는 것이 사소한 것에 불과하다. 오히려 세상을 바꾸겠다는 이념에 장애물이 될 뿐이다. 하지만 그 이념이 한갓 유행으로 전락했을 때, 남루한 일상 속에서 먹고살기 위해 버둥대는 인간을 동물과 구별할 수 있는 몇 안 되는 기준 가운데 하나가 바로 '사랑'이라는 생각. 바로 이런 생각이 '누이의 사랑'이라는 모티프, 그리고 그것이 변형된 소년화자의 사랑이라는 모티프가 다른 비슷한 작품에서 반복되는 까닭이다.

하지만 이런 '사랑'은 어린 주인공의 시점에서나 성립하는 낭만적인 꿈에 불과할 뿐이다. 현실에서는 성립할 수 없는 희망사항일 뿐인 것이다. 그와 같은 생각이 그저 단순한 자기기만에 불과할 뿐이라는 자각에 도달하기까지는 그리 오랜 시간이 걸리지 않았다. 이제 작가 김남천은 존재하지 않는 신성함을 채울 또다른 무엇인가를 찾아야 했다.

문화영역의 변질로 인한 대등욕망의 세속화

김남천이 이념의 신성성을 대신할 그 무엇인가를 찾는 노력의 또 다른 형태가 「녹성당」(『문장』, 1939.3)이라는 단편에 구체화되어 있다. 「처를 때리고」에서 '생활형 인물'인 아내의 대척점에 섰던 남편이 이제 약국을 경영하는 제3자의 위치로 물러 앉아 있는 것, 그리고 철민이라는 '타락한' 이념형 인물이 등장하는 것은 신념의 원천이었던 마르크스주의가 상대화되었음을 다시 한번 드러낸다. 마르크스주의가 그 이념적 절대성의 지위를 상실했을 때, 그 신념을 신봉했던 주체는 혼란에 휩싸이게 된다. 이렇게 변화된 현실을 한마디로 정리하면 '가치들의 투쟁'이라 할 수 있다. 삶의 규준이 되었던 중심가치가 붕괴한 상황, 즉 '가치의 상대화'라는 현실 속에서 김남천은 마르크시즘의 신성성을 대신할 그 무엇, 베버식으로 말하면 자신의 데몬(Damon)[36]을 필요로 했는데, 그것이 바로 '문화'사업에의 투신이다.

「녹성당」의 마지막 장면에서 작가는 '물 속에서 버티기'라는 은유를 통해 '문화' 사업에의 투신을 암시적으로 드러낸다. 타락한 사회주의자인 철민과 생활의 논리를 대변하는 아내 경옥 사이에서 혼란에 휩싸인 주인공이 떠올리는 기억은 어린 시절 '질식할 듯한 잠수의 경험'이었다. 물 속에서 숨을 참는 일은 고통스럽지만, 고개를 들면 승부에서 지는 것이다. 마찬가지로 자신이 가졌던 신념을 끝까지 지켜나가는 것은 고통스럽다. 그러나 그 신념을 포기하고 일상적인 생활의 논리에 적응해 나가는 것은 자존심이 허락하지 않는다. 이 딜레마의 상황을 '물 속에서 버티기'라는 은유로 드러낸 것이다.

이 진퇴양난의 상황에서 남편 박성운은 '대중들의 문화적 욕구를 충족시켜야 하는 예술가의 소임'에 대한 연설회에 참석하기 위해 집을 나선다. 아직까지 일상세계의 현실 논리로부터 나름대로 거리를 두려는 작가의식이 여기에 드러난다. 작가가 인간의 위엄을 지킬 수 있는 마지막 보루로서의 문화라는 영역을 설정하고 있는 것이다.

그러나 궁여지책으로 선택한 문화영역 역시 훼손, 변질되어 있기는 마찬가지였다. 문화의 영역을 파괴하는 금전의 위력을 보았던 까닭이다. 그 자세한 사정은 단편 「T일보사」(『인문평론』, 1939.11)에 잘 나타나있다. 관서지방의 금융조합에서 일하면서 돈을 모아 일만 몇천 원의 현금을 들고 상경하여 'T일보사'에 입사한 김광세가 이 소설의 주인공이다. 그는 문화기관으로 포장된 신문사가 사실은 금전의 위력 앞에 극히 취약하다는 사실을 간파하게 된다. 또한 문화적 우월감이나 교양인인 체하는 태도 역시 돈에 의해 좌우됨을 정확하게 파악한다. 45원의 월급을 위해 2천 원의 돈을 소비하는 김광세의 터무니없는 행위도 결국 상징자본을 획득하고자 하는 고도의 전략이었음이 드러나며, 마침내 김광세는 신문사의 경영권까지 획득하는데 성공한다. 주인공 김광세를 통해 작가가 드러내고자 한 것은 경제영역이 문화영역을 완전히 점령한 그 당대의 사회적 상황이었다.

원래 자본의 힘은 교묘한 방식으로 문화영역을 경제영역으로 환원시킨다. 정통취향의 구조를 규정하는데 경제자본(산업, 기업, 금융 부르조아지와 관련되며 일반적으로 지성용 취향)이 지배할 것인가, 문화자본(근대예술, 고급용이며 성찰적이고 우주론적인 정통이 정당화되는 부르조아 지성인의 취향)이 지배할 것인가의 문제를 부르디외는 '위계들의 위계(hierarchy of hierarchy)라고 칭했다.[37] 이때 경제적인 자본, 그러니까 금전의 힘이라는 것은 문화자본으로 직접 전환될 수는 없다. 따라서 경제자본은 문화자본을 취득하기 위해 높은 배당금을 지불해야 한다. 나름대로 투자를 해야 한다는 말이다.[38] 「T일보사」에는 이러한 신흥경제자본이 문화자본으로 전환되는 간접적인 형태가 드러나 있다.

「T일보사」가 사회전반에서 벌어지는 문화영역에 대한 경제영역의 점령 양상에 주목했다면, 「이런 아내 - 혹은 이런 남편」(『광업조선』, 1939.3)에는 그러한 위계의 변화 양상이 개인에게 어떻게 작용하는지 나타나 있다. 영화배우인 아내 이난주와 무명 극작가인 '나'의 갈등이 주된 내용인데, 아내인 이난주의 측면에서 보면 '나'가 그녀와 아무 대화를 나누지 않는다는 것이 그 갈등의 원인이 된다. 그녀는 그의 '침묵'이 자신의 출세에 대한 질투에서 온 것임을 여자다운 육감으로 잘 알고 있다. 하지만 '나'는 그러한 자신의 감정을 기어이 숨기고자 하여 자신의 아내에 대한 불만을 아내의 육체가 '마치 딴사람의 - 아니 뭇 사람의 노리개인 것처럼 생각되어'(『대계4』, p.149) 일어나는 혐오감인 것처럼 가장한다. 남편은 이러한 생각을 더 극단적으로 밀어붙여 아내를 고깃덩어리로 간주하며, 그녀의 부정을 의심하는 데까지 나아간다.

그러나 이러한 '나'의 태도는 아주 치사한 가면에 지나지 않았다. 아내와 대화를 나누던 기자의 다음과 같은 말에 남편의 감춰두었던 속내가 드러나고 만 것이다. '네, 그럼 난주씨의 허스씨는 아직 주무시는군. 이번 당선작은 제가 맡아보니까요. 염려마십시오. 난주씨의 청이라면.'(『대계4』, p.153) 남편은 이 말을 듣고 자신이 보고 있던 『문화영화론』, 『키네마순

보』 등의 영화관련 서적을 찢어버리는데, 그 행위에 남편의 심리상태가 잘 드러나 있다.

이 소설의 내용을 살펴보면 '나'의 아내에 대한 질투의 근원은 '대등욕망'이라 이름붙일 만한 종류의 것임을 알 수 있다. 진보를 전제한 직선적 역사관, '인간 이성'이란 가치척도가 힘을 발휘하지 못하는 상황에서, 내가 벌레가 아님을, 다른 인간과 대등한 존재임을 입증할 방법은 어떤 것이 있을까. 남편이 부지불식간에 떠올린 것은 '영화'였다. 연극과는 규모를 달리하는 영화는 다수 대중의 인지도와 함께 자신을 아내와 대등한 존재로 규정해주는 것일 수 있었다.

'너는 수천금을 물 쓰듯 해서 선전해 놓은 당대의 인기 배우, 나는 그대로 무명 극작가, 이름없는 각본작가'(『대계4』, p.148)라는 남편의 독백을 통해 이제 더 이상 고급예술을 한다는 명분이 예술가적 자존심을 확보해주지 않음을 알 수 있으며, 이에 남편은 틈틈이 영화잡지를 들추며 당시 대중 문화의 총아로 떠올랐던 영화[39] 비평 쪽으로 전환을 시도했던 것이다. 마음 한 구석에 이러한 욕망을 지니고, 아내의 성공에 대한 질투를 '아내의 부정'에 대한 혐의로 돌려놓았던 것인데, 이와 같이 자신도 모르는 사이에 숨겨놓았던 속된 성공과 부에 대한 욕망이 고스란히 드러났을 때의 남편의 모습을 작가는 다음과 같이 묘사해 놓고 있다. "그 다음은, 내, 얼굴이 세 개나 들여다보이는 삼면경에 주전자를 팽개쳤다."(『대계4』, p.153) 거울에 비친 자신의 모습은 세속적 욕망에 시달리는 속물의 모습이었던 것이다.

소비문화의 확산과 '구별짓는 주체'의 등장

프랑스의 사회학자 부르디외는 자본을 경제적 자본과 문화적 자본으로 구분했다. 또한 지배계급의 싸움을 경제적 자본에 근거해 있는 지배계급과 문화적 자본에 근거해있는 지배계급 간의 갈등으로 파악한다. 이런 이분법에 입각해서 생각해보면 왜 학자들이나 예술가들 그리고 지식인들이 왜 단지 돈만 많이 가지고 있는 부자들의 취향을 경멸하는지가 분명해진다.[40] 그런데 앞에서 살펴본 바와 같이 1930년대의 상황은 경제자본이 문화자본을 점령한 형국이었다. 이와 같은 상황에서 자신의 자존심과 인간으로서의 지위를 유지하는 방식에는 어떤 것이 있을까.

「이런 아내」의 결말부는, 남편의 속물적인 욕망을 드러내 보여주는 한편으로, 작가 김남천에게 잠재해있는 아주 본질적인 '대등욕망'을 짐작할 수 있게 해준다. 「녹성당」의 '물속에서 버티기'라는 문제에 직면했을 때 주인공이 보여주는 '지기 싫어함'의 근거가 바로 '대등욕망'인 것이다. 그러나 절대적인 기준이 사라지고 '가치들의 전쟁터'가 된 상황에서 작가의 대등욕망의 추구는 마침내 소비사회의 기호체계를 거친 '구별기호'[41]를 통해서 작동하게 된다. 소설가 김남천은 그 점을 이미 그의 짧은 단편 「가애자」(『광업조선』, 1938.3)에 나오는 한 대목에서 잘 드러낸 바 있다.

만금광업주식회사의 사장 최충국 씨의 비서인 윤수가 광산 사고로 인해 시골에서 광부들이 올라온다는 소식에 사장을 대신해서 사직동에 있는 사장의 첩에게 보약을 전달하고 사장의 본가로 와서 광부들과 실랑이를 벌인다는 아주 간단한 줄거리의 이 소설에서 정작 중요한 대목은 의복과 자동차에 관한 언급이다. '사람들이 많은 곳을 헤치면서 나즉히 뚜뚜우 소리를 울리고 가나니 빠져 나가는 때가 가장 윤수를 즐겁게 하는 순간이다. 크락숀 소리에 눈을 히번덕거리며 대체 어느 양반이 이런 고급차를 타시고 행차를 하시는가 하여 유리창으로 뚫어지게 들여다보는 굶주린 눈이 휙근휙근 지내가는 것을 태연자약하니 앉아서 받아넘기는 것이 윤수에게는 열락인 것이다'(『대계3』, p.265)

마샬 버먼은 '도시교통 속의 차량의 이중적인 성격'[42]에 대해 지적한 바 있다. 단순하게 말하면 자동차가 신분을 드러내는 기호로 활용될 수도 있다는 말이다. 위에서 인용한 대목에서도 자동차는 운송 수단이 아닌 신분기호로 인식되고 있다. 의복의 경우도 마찬가지다. 자동차에 앉아있을 때마다 윤수는 '그의 외투깃에 수달피가죽이 안달리고 번들번들하는 낙타대신 그의 외투가 사십오원의 최최하고 우글쭈글한 라사인 것을 슬프게'(『대계3』, p.266) 생각한다. 여기서 의복은 자동차라는 신분기호를 다시 세분화하여 사장과 운전수 혹은 직원의 계급을 구별하는 기호로 작용하고 있다.

사실 자신이 가지고 있는 신념이 절대적일 때에는 남루한 옷차림과 거친 식사, 그리고 누추한 거처가 부끄럽지 않다. 오히려 허름한 복장에도 불구하고 자신이 가진 신념으로 인해 당당할 수 있었다. 하지만 이념이 유행의 차원으로 평가절하되어 가치가 상대화되자, '뚫린 양말' 하나에도 얼굴이 달아오를 정도[43]로 위세가 역전되었던 것이다.

1930년대의 모더니즘을 가능하게 했던 소비도시 경성은 이미 1920년대 말에 '불야성을 이룬 별천지'[44]의 이미지로 제시될 만큼 적어도 소비적인 측면에서는 발달해있었고, 1930년대에는 미스꼬시, 하라다, 화신 등의 백화점이 들어섬으로써 소비하는 도시로서 경성의 모습을 갖추었다. 백화점을 중심으로 한 소비 방식의 변화는 구매 활동의 성질뿐만 아니라 상품을 둘러싼 정보의 성질과 함께 인격과 사물간의 새로운 상호작용 방식을 창출했다. 즉, '소비자는 그 특수한 유용성에서 이러저러한 사물과 관계하는 것이 아니라 그 전체적인 의미 속에서 사물의 세트와 관계'하게 된 것이다. 이제 쇼윈도, 광고, 기억, 그리고 무엇보다도 중요한 역할을 행하는 상표는 마치 사슬처럼 거의 떼놓을 수 없는 하나의 전체로서 일관된 모습을 보여준다.

백화점을 중심으로 한 소비문화의 전파는 소비자들을 이러한 의미 혹은 기호를 소비하도록 훈련시키는 것이다. 이는 사회적인 코드의 변화를 가져오는데, 문화적 자본을 통해 자신의 위세를 유지하던 이들이 그 문화적 자본을 잃었을 때에는 속수무책으로 이 코드에 순응할 수밖에 없었던 것이다. 이상, 김기림 등이 드러내 보이는 새것에 대한 모더니즘적인 관심과는 다른 차원의 소비사회의 기호체계가 김남천에게는 작동했던 것인데, 그것은 기존의 신분체계가 평준화되고 난 다음에 새롭게 지위와 위세를 기입하는 구별기호체계에 대한 관심이었던 것이다.[45)]

1935년의 카프 해산은 김남천에게 있어서 단순히 마르크스주의의 패배만을 의미하지 않는다. 즉, 정치적 영역에서 마르크스주의가 상대화됨과 동시에 그 반향은 문화의 영역, 즉 '취향'의 영역에까지 파급되었다. 그 결과 '경제자본'이 '문화자본'을, '대중적 취향'(대중문화)이 '고급한 취향'(고급문화)을 점령하는 현실에 대해 속수무책인 상황이 벌어졌던 것이다. 이렇게 경제자본이 문화자본을 점령할 때 전반적인 문화의 미학적 경향은 반칸트주의적 미학[46)]이 채택된다.

『사랑의 수족관』은 이처럼 변화한 일상적 생활의 영역에 대한 소설가로서의 김남천의 태도가 담겨있어 주목된다. 이 작품에서 사건은 광호와 경희의 결혼을 둘러싸고 다양한 인물의 가치가 교차되면서 발생한다. 이때 경희의 아버지 이신국과 서모인 은주, 송현도에게 결혼은 자본의 교환이라는 속성으로 이해되는 반면, 경희와 광호에게는 보다 진정성에 입각한 것으로 묘사된다. 이와 같은 이유로 인해 『사랑의 수족관』의 광호와 같은 전문 기술자(「길우에서」의 K기사)를 사회 현실과는 무관한 가치중립적인 영역으로 설정하고 그것을 매개로 일상적 삶과 당대 현실과의 충돌을 우회적으로 막고자 하는 것으로 파악하기도 한다. 그러나 조금 더 자세히 들여다보면, 경희의 광호에 대한 애정은 '학력'이라는 구별기호로 인해 확보됨을 알 수 있다.("경희는 광호의 제국 대학 출신이라는 학력에 만족한 것이 사실이다." 『사랑의 수족관』, 『조선일보』, 1939. 10.22) 또한 경희가 서모인 은주부인의 농간에 의해 광호에 대해 오해를 품게 되는데, 이때 경희는 영화와 같은 대중문화코드를 통해 광호를 속물적인 인물로 파악한다.

따라서 『사랑의 수족관』의 김광호와 이경희, 「길우에서」의 K기사 등은 가치중립적인 성격을 가진다기보다는 신중산층(신쁘띠부르조아)의 특성을 띠고 있다고 할 수 있다. 사회적 게임(경제자본과 문화자본의 대결)에서 중간위치를 점하는 이들 전문가 집단은 비록 고급문화와 대중문화 양쪽에 모두 노출되어 있지만, 스스로 문화의 기획자로서 행동함으로써, 당연히 대중음악, 패션, 디자인, 휴일, 스포츠, 대중문화 등과 같은 새로운 영역의 전문적인 의견들을 합법적으로 지식화하는 경향이 있다. 따라서 이들이 점차 속화되어 갈 것은 자명한 이치라고 하겠다. 하지만 이들의 취향이 전사회적 취향의 위계 변화를 반영하는 것이고 김남천 소설은 이에 대한 정직한 고백이자 보고서라고 할 수 있다.

주

1) 부르디외는 "식민지화에 의해 이식된 경제체계는 (토착문명과는) 다른 문명에 의해 객관화된 유산, 즉 축적된 경험, 보수 부여와 상품화의 기술, 회계와 계산 및 조직의 제 방법인데, 이것은 (베버가 말한 대로) 한 '우주(cosmos)'의 필연성을 갖는다. 그 우주 속에 노동자들이 투신하며, 그들은 생존하기 위하여 그것의 규칙을 배워야 한다. 그 결과, 제3세계의 대부분의 나라에서는 모든 유추에도 불구하고 자본주의의 기원과는 판이한 상황이 전개되는 것이다"라고 말한다. 즉, 경제체제와 아비투스의 불일치가 식민지 사회에서는 발생한다는 것이다. 이런 측면에서 보면 서구의 초기 자본주의, 즉 금욕과 축적을 중시하는 자본주의적인 양상과 식민지 사회의 자본주의가 상이한 모습을 보이게 되는 근원을 짐작할 수 있다.(P. 부르디외, 『자본주의의 아비투스-알제리의 모순』, 최종철 옮김, 동문선, 1995, p.15 참조)
2) 카이유와는 놀이를 크게 아곤(Agon: 경쟁놀이), 알레아(Alea: 우연놀이), 미미크리(Mimicry: 모방놀이), 일링크스(Illinx: 현기증)의 4가지로 분류하고 이중 아곤과 알레아를 근대적인 형태로 파악했다. 반면 전근대적인 사회에서는 미미크리와 일링크스가 주된 놀이의 유형이 된다.(R. 까이유와, 『놀이와 인간』, 이상률 옮김, 문예출판사, pp.35~70 참조)
3) 『원본 김유정 전집』, 전신재 편, 강출판사, 1997, p.114.
4) 이홍표, 『도박의 심리』, 학지사, 2002, p.39.
5) 한수영, 「하바꾼에서 황금광까지 - 식민지 자본주의의 몇 가지 풍경」, '식민지 근대화와 일상생활' 발표문 참조.
6) 김한용, 「일확천금의 활무대-어떻게 하면 주식, 기미로 돈을 모을 수 있을까」, 『조광』, 1938.2; 한수영, 앞의 글에서 참조.
7) 『탁류』, 우한용 해설·주석, 서울대출판부, 1997, p.91.
8) 금광업 역시 1930년대에는 다분히 투기성이 짙은 산업이었다. 1930년대 금광열과 그 사회적 배경에 대해 천착한 전봉관은 "1930년대에는 금광이 있었고, 황금을 찾아 떠난 시민들의 행렬이 있었고 단 한 사람의 영웅을 만들기 위한 만인

의 실패가 있었다"고 말한다. 당시의 금광열은 미천한 가문에서 태어나 광부로 덕대로 금광주위를 떠돌다가 금맥을 잡고 조선 굴지의 부자가 된 최창학이나 불혹의 나이에 평범한 촌부에서 금광재벌로 떠오른 방응모와 같은 신화적 인물의 성공에 힘입은 바 크다. 그러나 그런 경우는 극히 드물었고 대다수 사람들은 전 재산과 인생을 털어 넣었음에도 불구하고 실패하는 경우가 태반이었다.(전봉관, 「1930년대 금광 풍경과 '황금광시대'의 문학」, 『현대문학연구7집』, 한국현대문학회, 1999. pp.79~87 참조)

9) 이 글에서 '유행'이란 말은 '삶의 패턴' 혹은 그 패턴의 확산을 뜻한다. 그런데 그 삶의 패턴 역시도 크게 두 가지로 나누어 볼 수 있다. 우선, 어떤 본질적 대상이 가진 삶의 패턴을 모방하는 경우가 있고, 또 한 가지는 이미지가 만들어내는 삶의 패턴이 있다. 전자가 좋아하는 선생님의 말투나 글씨를 흉내 내는 것처럼 대상의 본질에 대한 관심이 뒷받침되고 있는 것과는 달리 후자는 이미지의 조합이나 조작을 통해 만들어지는 패턴이라고 할 수 있다. 이 글에서는 후자에 중점이 놓여져 있다.

10) A.W 生, 「눈물과 깃옷」,『신여성』, 1926.6.

11) 觀相者, 「여성의 잡관잡평」, 『신여성』, 1926.3, p.51.

12) 無名草, 「생명을 좌우하는 유행의 마력」, 『신여성』 1931.11, p.64.

13) 유행이란 일종의 스타일이다. 이 스타일은 하나의 생활방식이며, 그것도 한없이 풍요로운 부로 가득 찬 유토피아적 생활방식이다. 소비문화의 파노라마 속에서 일상적 삶의 모든 세부사항들(옷, 집, 일상적인 물건 및 활동들)은 스타일이라는 요술을 통해 변화될 수 있다. 결코 드러내놓고 확실하게 말하지는 않지만, 스타일의 매개체들은 시청자들을 일상생활에서 끌어내어 저 위쪽 유토피아의 세계로 옮겨 줄 것을 보증한다.(스튜어트 유웬, 『이미지는 모든 것을 삼킨다』, 백지숙 옮김, 시각과 언어, 1996, p.30 참조)

14) 윤성상, 「유행에 나타난 현대여성」, 『여성』, 1937.1.

15) 유희경, 『한국복식사연구』, 이대 출판부, 1975, p.649.

16) 유수경, 『한국여성양장변천사』, 일지사, 1990, p.133.

17) 금기숙 外, 『현대 패션 100년』, 교문사, 2002, p.55 참조.
18) 「여학생제복과 교표문제」, 『신여성』 1923.10, p.25.
19) "이즈음 딱한 일이 잇습데다. 여염집부인도 내생가고 기생이나 추업부도 학생같고 부랑한 탕자들은 여학생을 보고도 추업부로 알고 의례 힐란을 합데다그려. 그래서 세상 사람의 눈에는 트레머리 흰저고리 검은치마면 의례 잡스런 여자인줄로 아는 모양이니……."(「조각보」, 『신여성』, 1923.10, p.45) 같은 지면에는 어느 서울기생이 여학생 흉내를 내서 시골청년을 꾀어 현금 십오 원을 빼내려다가 경찰에 잡혔다는 이야기도 소개되어 있다. 이 시기 기생의 여학생 모방현상이 상당했음을 보여준다.
20) 김주리, 「근대적 패션의 성립과 1930년대 문학의 변모」, 『현대문학연구 7집』, 월인, 1999, pp.131~132 참조.
21) 황태욱, 「조선민간신문계총평」, 『개벽』, 1935.3; 이정옥, 앞의 책에서 재인용.
22) 이서구, 「경성의 짜스」, 『별건곤』, 1929.9.
23) 김진송, 『현대성의 경험-서울에 딴스홀을 허하라』, 현실문화연구, 1999, p.174 참조.
24) 이효석, 앞의 책, p.252.
25) 그는 「꿈꾸는 진주여 바다로 가자」를 신문지상에 발표할 때 백화점의 쇼윈도우 풍경과 매춘부 및 월급쟁이를 겹쳐놓았었다.
26) "「화신본점」의 오층루 상에는 높히 「화신」의 표를 그린 붉은 깃대가 창천에 놉히 훨훨 휘날리고 있고 신관전면으로는 울긋불긋한 커다란 꽃다발 두 개가 달려 잇서 이른 아츰부터 말숙하게 차리고 거리로 흘러다니는 수많은 사람들의 시선을 한군데로 집중시키고 있다." (일기자, 「화신백화점구경기」, 『삼천리』, 1935.10) 이와 같은 대목을 보면 김기림의 시에 나타난 '바다'의 몽상이 이루어지는 백화점 옥상정원은 '화신백화점'임을 추측해 볼 수 있다. 또한 그 꼭대기에 걸린 붉은 깃대는 시인의 시에 자주 등장하는 '깃발'이미지(항해와 연결된)와 연관이 있음을 추측하게 한다. 실제로 서구의 백화점의 역사에서도 배와 바다의 상징은 빈번히 사용된 것으로 보인다고 한다.(아도르노 外, 『헐리우드/프랑크푸르트』, 김소

영 편역, 시각과 언어, 1994, p.24 참조)

27) 그랜트 멕크래켄, 『문화와 소비』, 이상율 옮김, 문예출판사, 1996, p.68 참조.

28) 조영복은 1930년대의 글에 나타난 '인형'을 1)쇼윈도우의 마네킹, 2)의식 없는 군중의 이미지, 3)모던걸의 다른 이름이라고 설명했다. 이 중 2)와 3)은 고스란히 '물고기'의 이미지와도 겹쳐진다.(조영복, 앞의 책, p.119 참조)

29) 『김기림 전집5』 pp.386~389 참조.

30) "산의 웅장과 침묵과 수려함과 초연함도 좋기는 하다. 하지만 저 바다의 방탕한 동요만 하랴. 산이 '아폴로'라고 하면, 우리들의 '디오니소스'는 바다겠다." (「여행」, 『김기림 전집5』, p.173)

31) 신범순은 김기림의 바다 이미지에 대해서 "그의 많은 글들 속에 스며있는 '바다'의 이미지는 그의 고향에 대한 추억과 그것을 둘러싼 상상력의 성장에서 비롯되는 것"(신범순, 앞의 책, p.98)이라고 언급한 바 있다. 그의 몇몇 시편에서 '태양'과 '아침'의 이미지와 결부된 '바다'의 이미지는 다분히 고향과 원형적인 바다를 상기시키지만, 그것은 피상적인 이미지일 뿐이며, 대부분 추상적인 지향의 대상에 머물 뿐이다.

32) 「도시풍경 1,2」, 『전집5』, p.288.

33) 「단념」, 『전집5』, p.234 참조.

34) 1930년대 전반기에 발표되었던 「남편 그의 동지 - 긴 수기의 일절」(『신여성』, 1933.4)에서 남편의 동지를 욕하는 아내의 목소리는 '빠가-'라는 남편의 한마디에 일축된다.

35) 『한국근대단편소설대계3』, 태학사, 1988. p.39 이하 『대계3』과 『대계4』로 약칭하여 인용문구 뒤에 페이지와 함께 병기한다.

36) 막스 베버, 『직업으로서의 학문 - 직업으로서의 정치』, 이상률 옮김, 문예출판사, 1994, p.54.

37) 돈 슬레이터, 『소비문화와 현대성』, 전숙경 옮김, 문예출판사, 2000, p.236 참조.

38) 자식을 이튼이나 옥스브리지에 보내는 것은 경제자본을 전환하는 평범한 방법, 즉 문화자본을 취득하는 데 높은 이익배당금을 지불하는 투자이다.(돈 슬레이터, 앞의 책, p.236)

이와 똑같은 방식으로 1930년대 금광재벌 방응모는 『조선일보』를 인수함으로써 문화자본을 취득했다. 금광으로 자본을 축적한 방응모는 1933년 1월 『조선일보』를 인수했고, 1936년 동방문화학원을 설립하는 등 언론, 교육, 문화 등으로 활동의 영역을 넓혀갔다.(전봉관, 「1930년대 금광 풍경과 '황금광 시대'의 문학」, 『한국현대문학연구 제7집』, 1999, p.86 참조) 이러한 금광자본의 지식산업 진출은 당시 지식인들에게 적지 않은 동요를 불러일으켰고, 이때 경영권 다툼에서 김팔봉, 김웅권 등의 조선일보 구사원이 밀려나게 되는데, 이는 경제자본과 문화자본의 '위계들의 위계'에 관련한 투쟁에서 경제자본의 승리를 단적으로 보여준다.

39) 당시 영화 관객의 수는 260만 명(1927), 510만 명(1930), 570만 명(1932), 880만 명(1935) 등의 폭발적 증가 추세를 보이고 있었고, 1940년에 이르면 극장의 총 관람객수는 1,250만 명에 이르게 된다. 또한 당시 한국 내 39개의 영화 상설관이 있었고 1930년대 초반 발성영화가 국내에 들어온 이래 1933년 25%, 1934년 40%, 1935년 85%의 영화가 발성영화로 들어오는 등, 종래의 시각적 요소와 변사의 재능으로 승부하던 영화가 음성과 음향이라는 새로운 요소를 얻게 됨으로써 엄청난 인기를 끌게 되었음을 알 수 있다.(이중거, 「한국영화사연구」, 『중앙대 논문집』, 1973, p.225에서 재인용. 1936년 창간호이자 종간호인 『조선영화』에 실렸던 집계라고 한다.) 한편의 조선영화가 만들어 질 때마다 각 신문 잡지에 4,5차 소개될 정도로 언론의 반응도 뜨거웠다.(하청, 「조선 영화 문화론」, 『매일신보』, 정재형 편, 『한국초창기의 영화이론』, 집문당, 1996에서 재인용)

40) 피터 코리건, 『소비의 사회학』, 이성룡 外 옮김, 그린출판사, 2001, p.54 참조.

41) 베블렌의 관점에서 보면, 사물은 그 자체를 위해 혹은 그 사용가치 때문에 소비되는 법이 없다. 사물의 소비는 오로지 '기호적인 교환가치', 즉 명제, 신분, 사물이 부여해주는 사회적 지위에 의해서만 이루어진다. 따라서 욕구들을 충족시키는 역할을 넘어서는 소비는 사회적 위계질서의 도구로 보아야 하고, 사물들은 차이와 신분가치들을 사회적으로 생산되

는 장소라고 보아야 한다. 이렇게 볼 때 근대적인 소비사회는 신분들을 내포하고, 그 사회가 태어날 때 생긴 위계질서를 파괴한 평등한 시대 안에 사회적 차이를 재기입하는 기능을 가진 '기호가치들'을 생산하는 거대한 과정일 뿐이다.(질 리포베츠키, 『패션의 제국』, 이득재 옮김, 문예출판사, 1999, p.239 참조) 이런 면을 참조할 때, 사회적 차이를 기입하는 기능을 가진 기호로서의 사물을 '구별기호'라고 명명했다.

42) "우리는 여기서 도시교통 속의 차량의 이중적인 성격을 본다. 개인적이거나 계급적인 자신감을 갖고 있는 사람들에게 있어서 그것은 걸어 다니는 대중들을 보면서 빼기는 장갑요새일 수 있다. 자신감을 결여하고 있는 사람들에게 있어서 그것은 함정이며 수용소로서 그 점유자는 암살자의 치명적인 시선에 아주 취약해지는 것이다."(마샬 버먼, 『현대성의 경험』, 윤호병·이만식 옮김, 현대미학사, 1994, p.257)

43) 동명의 주인공이 나오는「주말여행」(『야담』, 1939.3)은 무역회사 수금원인 윤수의 호화로운 여행에 관한 이야기이다. 자신의 호화로운 여행이 자신의 신분과 맞는가를 끊임없이 회의하는 윤수의 심리상태가 재미있게 그려져 있는 이 소설에서, 특히 양말과 신발의 남루함에 집착하는 윤수의 심리가 작가의 실제경험이 아닐까하는 생각이 들 정도로 사실적으로 묘사되어 있는데, 이는 작가의 구별기호에 대한 민감함을 드러낸다.

44) 정수일, 「진고개」, 『별건곤』, 1929.9, p.46.

45) 신범순은 "지식이나 자본의 범주 외에 근대적인 교통통신, 소비형태, 언어생활의 형태 등의 변화에 따른 인간 존재의 변화를 따져보는 것이 중요한 것"이라 전제하고, 근대적인 일상을 체험하는 자아를 '작은 자아'라고 규정하면서 당대의 일상성과 그것의 환상이라는 미시적인 관점에서 당대인의 삶을 이해해보고자 했다.(신범순, 『한국 현대시의 퇴폐와 작은 주체』, 신구문화사, 1998. 제1장 참고) 이런 관점에서 살펴보면 이상과 김기림은 '상품의 마술적인 힘'에 매혹된다. 즉, 끊임없이 소비를 부추기는 자본주의적 생산의 핵심인 '새로움'에 주목하고 있는 것이다.(배개화, 「소비하는 도시와 모더니즘」, 앞의 책, p.255 참조) 반면, 김남천은 똑같은 소비

체계 속에서 위세를 구별하는 기호에 보다 주목한 양상을 보인다.

46) 칸트주의 미학은 높은 문화적 자본을 가진 엘리트문화에서 볼 수 있는 교양 있고 추상화된 전유를 선호하는 반면, 반칸트주의 미학은 낮은 문화적 자본을 가진 대중문화에서 볼 수 있는 즉각적인 오락, 쾌락, 본능적인 감정, 감각적인 것과 이를 재현하는 것에 대한 관심을 선호한다. 그래서 문화적 자본의 증가는 세상에서 대상에 대한 칸트주의 접근 방식을 육성할 것 같은 반면, 문화적 자본이 낮은 자들은 즉각적이고 감각적이고 재현적인 것을 선호하는 반칸트주의 접근방식을 선택하는 경향이 있다.(부르디외, 『구별짓기: 문화와 취향의 사회학』上, 최종철 옮김, 새물결, 1995. pp.79~83 참조; 피터 코리건, 앞의 책, pp.52~57 참조)

대중적 감수성의 탄생 도박, 백화점, 유행

펴낸날 초판 1쇄 2005년 1월 30일
초판 4쇄 2015년 11월 17일

지은이 강심호
펴낸이 심만수
펴낸곳 (주)살림출판사
출판등록 1989년 11월 1일 제9-210호

주소 경기도 파주시 광인사길 30
전화 031-955-1350 팩스 031-624-1356
기획 · 편집 031-955-4671
홈페이지 http://www.sallimbooks.com
이메일 book@sallimbooks.com

ISBN 978-89-522-0333-5 04080

※ 값은 뒤표지에 있습니다.
※ 잘못 만들어진 책은 구입하신 서점에서 바꾸어 드립니다.

085 책과 세계

강유원(철학자)

책이라는 텍스트는 본래 세계라는 맥락에서 생겨났다. 인류가 남긴 고전의 중요성은 바로 우리가 가 볼 수 없는 세계를 글자라는 매개를 통해서 우리에게 생생하게 전해 주는 것이다. 이 책은 역사라는 시간과 지상이라고 하는 공간 속에 나타났던 텍스트를 통해 고전에 담겨진 사회와 사상을 드러내려 한다.

056 중국의 고구려사 왜곡

eBook

최광식(고려대 한국사학과 교수)

중국의 고구려사 왜곡의 숨은 의도와 논리, 그리고 우리의 대응 방안을 다뤘다. 저자는 동북공정이 국가 차원에서 진행되는 정치적 프로젝트임을 치밀하게 증언한다. 경제적 목적과 영토 확장의 이해관계 등이 복잡하게 얽혀 있는 동북공정의 진정한 배경에 대한 설명, 고구려의 역사적 정체성에 대한 문제, 고구려사 왜곡에 대한 우리의 대처방법 등이 소개된다.

291 프랑스 혁명

eBook

서정복(충남대 사학과 교수)

프랑스 혁명은 시민혁명의 모델이자 근대 시민국가 탄생의 상징이지만, 그 실상을 아는 사람은 많지 않다. 프랑스 혁명이 바스티유 습격 이전에 이미 시작되었으며, 자유와 평등 그리고 공화정의 꽃을 피기 위해 너무 많은 피를 흘렸고, 혁명의 과정에서 해방과 공포가 엇갈리고 있었다는 등의 이야기를 통해 프랑스 혁명의 실상을 소개한다.

139 신용하 교수의 독도 이야기

eBook

신용하(백범학술원 원장)

사학계의 원로이자 독도 관련 연구의 대가인 신용하 교수가 일본의 독도 영토 편입문제를 걱정하며 일반 독자가 읽기 쉽게 쓴 책. 저자는 역사적으로나 국제법상으로 실효적 점유상으로나, 어느 측면에서 보아도 독도는 명백하게 우리 땅이라고 주장하며 여러 가지 역사적인 자료를 제시한다.

144 페르시아 문화

eBook

신규섭(한국외대 연구교수)

인류 최초 문명의 뿌리에서 뻗어 나와 아랍을 넘어 중국, 인도와 파키스탄, 심지어 그리스에까지 흔적을 남긴 페르시아 문화에 대한 개론서. 이 책은 오랫동안 베일에 가려 있던 페르시아 문명을 소개하여 이슬람에 대한 편견과 오해를 바로 잡는다. 이태백이 이란계였다는 사실, 돈황과 서역, 이란의 현대 문화 등이 서술된다.

086 유럽왕실의 탄생

김현수(단국대 역사학과 교수)

인류에게 '예술과 문명' 그리고 '근대와 국가'라는 개념을 선사한 유럽왕실. 유럽왕실의 탄생배경과 그 정체성은 무엇인가? 이 책은 게르만의 한 종족인 프랑크족과 메로빙거 왕조, 프랑스의 카페 왕조, 독일의 작센 왕조, 잉글랜드의 웨섹스 왕조 등 수많은 왕조의 출현과 쇠퇴를 통해 유럽 역사의 변천을 소개한다.

016 이슬람 문화

이희수(한양대 문화인류학과 교수)

이슬람교와 무슬림의 삶, 테러와 팔레스타인 문제 등 이슬람 문화 전반을 다룬 책. 저자는 그들의 멋과 가치관을 흥미롭게 설명하면서 한편으로 오해와 편견에 사로잡혀 있던 시각의 일대 전환을 요구한다. 이슬람교와 기독교의 관계, 무슬림의 삶과 낭만, 이슬람 원리주의와 지하드의 실상, 팔레스타인 분할 과정 등의 내용이 소개된다.

100 여행 이야기

eBook

이진홍(한국외대 강사)

이 책은 여행의 본질 위를 '길거리의 철학자'처럼 편안하게 소요한다. 먼저 여행의 역사를 더듬어 봄으로써 여행이 어떻게 인류 역사의 형성과 같이해 왔는지를 생각하고, 다음으로 여행의 사회학적 · 심리학적 의미를 추적함으로써 여행에 어떤 의미를 부여할 것인가에 대해 말한다. 또한 우리의 내면과 여행의 관계 정의를 시도한다.

293 문화대혁명 중국 현대사의 트라우마

eBook

백승욱(중앙대 사회학과 교수)

중국의 문화대혁명은 한두 줄의 정부 공식 입장을 통해 정리될 수 없는 중대한 사건이다. 20세기 중국의 모든 모순은 사실 문화대혁명 시기에 집약되어 있다고 해도 과언이 아니다. 사회주의 시기의 국가 · 당 · 대중의 모순이라는 문제의 복판에서 문화대혁명을 다시 읽을 필요가 있는 지금, 이 책은 문화대혁명에 대한 안내자가 될 것이다.

174 정치의 원형을 찾아서

eBook

최자영(부산외국어대학교 HK교수)

인류가 걸어온 모든 정치체제들을 매우 짧은 기간 동안 시험하고 정비한 나라, 그리스. 이 책은 과두정, 민주정, 참주정 등 고대 그리스의 정치사를 추적하고, 정치가들의 파란만장한 일화 등을 소개하고 있다. 특히 이 책의 저자는 아테네인들이 추구했던 정치방법이 오늘 우리 사회가 당면한 문제를 해결할 수 있는 지혜의 발견에 도움을 줄 수 있을 것이라고 말한다.

420 위대한 도서관 건축순례

eBook

최정태(부산대학교 명예교수)

이 책은 도서관의 건축을 중심으로 다룬 일종의 기행문이다. 고대 도서관에서부터 21세기에 완공된 최첨단 도서관까지, 필자는 가능한 많은 도서관을 직접 찾아보려고 애썼다. 미처 방문하지 못한 도서관에 대해서는 문헌과 그림 등 가능한 많은 정보를 수집하려 노력했다. 필자의 단상들을 함께 읽는 동안 우리 사회에서 도서관이 차지하는 의미에 대해 다시 생각하게 된다.

421 아름다운 도서관 오디세이

eBook

최정태(부산대학교 명예교수)

이 책은 문헌정보학과에서 자료 조직을 공부하고 평생을 도서관에 몸담았던 한 도서관 애찬가의 고백이다. 필자는 퇴임 후 지금까지 도서관을 돌아다니면서 직접 보고 배운 것이 40여 년 동안 강단과 현장에서 보고 얻은 이야기보다 훨씬 많았다고 말한다. '세계 도서관 여행 가이드'라 불러도 손색없을 만큼 풍부하고 다채로운 내용이 이 한 권에 담겼다.

eBook 표시가 되어있는 도서는 전자책으로 구매가 가능합니다.

016 이슬람 문화 | 이희수
017 살롱문화 | 서정복 eBook
020 문신의 역사 | 조현설 eBook
038 헬레니즘 | 윤진 eBook
056 중국의 고구려사 왜곡 | 최광식 eBook
085 책과 세계 | 강유원
086 유럽왕실의 탄생 | 김현수 eBook
087 박물관의 탄생 | 전진성 eBook
088 절대왕정의 탄생 | 임승휘 eBook
100 여행 이야기 | 이진홍 eBook
101 아테네 | 장영란 eBook
102 로마 | 한형곤 eBook
103 이스탄불 | 이희수 eBook
104 예루살렘 | 최창모 eBook
105 상트 페테르부르크 | 방일권 eBook
106 하이델베르크 | 곽병휴 eBook
107 파리 | 김복래 eBook
108 바르샤바 | 최건영 eBook
109 부에노스아이레스 | 고부안 eBook
110 멕시코 시티 | 정혜주 eBook
111 나이로비 | 양철준 eBook
112 고대 올림픽의 세계 | 김복희 eBook
113 종교와 스포츠 | 이창익 eBook
115 그리스 문명 | 최혜영
116 그리스와 로마 | 김덕수 eBook
117 알렉산드로스 | 조현미
138 세계지도의 역사와 한반도의 발견 | 김상근 eBook
139 신용하 교수의 독도 이야기 | 신용하
140 간도는 누구의 땅인가 | 이성환 eBook
143 바로크 | 신정아 eBook
144 페르시아 문화 | 신규섭 eBook
150 모던 걸, 여우 목도리를 버려라 | 김주리 eBook
151 누가 하이카라 여성을 데리고 사누 | 김미지 eBook
152 스위트 홈의 기원 | 백지혜 eBook
153 대중적 감수성의 탄생 | 강심호 eBook
154 에로 그로 넌센스 | 소래섭 eBook
155 소리가 만들어낸 근대의 풍경 | 이승원 eBook
156 서울은 어떻게 계획되었는가 | 염복규 eBook
157 부엌의 문화사 | 함한희
171 프랑크푸르트 | 이기식 eBook
172 바그다드 | 이동은 eBook
173 아테네인, 스파르타인 | 윤진 eBook
174 정치의 원형을 찾아서 | 최자영 eBook
175 소르본 대학 | 서정복 eBook
187 일본의 서양문화 수용사 | 정하미
188 번역과 일본의 근대 | 최경옥
189 전쟁국가 일본 | 이성환 eBook
191 일본 누드 문화사 | 최유경
192 주신구라 | 이준섭
193 일본의 신사 | 박규태 eBook
220 십자군, 성전과 약탈의 역사 | 진원숙
239 프라하 | 김규진 eBook
240 부다페스트 | 김성진 eBook
241 보스턴 | 황선희
242 돈황 | 전인초 eBook
249 서양 무기의 역사 | 이내주
250 백화점의 문화사 | 김인호
251 초콜릿 이야기 | 정한진
252 향신료 이야기 | 정한진
259 와인의 문화사 | 고형욱
269 이라크의 역사 | 공일주
283 초기 기독교 이야기 | 진원숙
285 비잔틴제국 | 진원숙 eBook
286 오스만제국 | 진원숙 eBook
291 프랑스 혁명 | 서정복 eBook
292 메이지유신 | 장인성
293 문화대혁명 | 백승욱 eBook
294 기생 이야기 | 신현규 eBook
295 에베레스트 | 김법모 eBook
296 빈 | 인성기 eBook
297 발트3국 | 서진석 eBook
298 아일랜드 | 한일동
308 홍차 이야기 | 정은희 eBook
317 대학의 역사 | 이광주
318 이슬람의 탄생 | 진원숙
335 고대 페르시아의 역사 | 유흥태
336 이란의 역사 | 유흥태
337 에스파한 | 유흥태
342 다방과 카페, 모던보이의 아지트 | 장유정
343 역사 속의 채식인 | 이광조
371 대공황 시대 | 양동휴 eBook
420 위대한 도서관 건축순례 | 최정태 eBook
421 아름다운 도서관 오디세이 | 최정태 eBook
423 서양 건축과 실내 디자인의 역사 | 천진희 eBook
424 서양 가구의 역사 | 공혜원 eBook
437 알렉산드리아 비블리오테카 | 남태우 eBook
439 전통 명품의 보고, 규장각 | 신병주 eBook
443 국제난민 이야기 | 김철민 eBook
462 장군 이순신 | 도현신 eBook
463 전쟁의 심리학 | 이윤규 eBook
466 한국무기의 역사 | 이내주 eBook
486 대한민국 대통령들의 한국경제 이야기1 | 이장규 eBook
487 대한민국 대통령들의 한국경제 이야기2 | 이장규 eBook
490 역사를 움직인 중국 여성들 | 이양자 eBook
493 이승만 평전 | 이주영 eBook
494 미군정시대 이야기 | 차상철 eBook
495 한국전쟁사 | 이희진 eBook
496 정전협정 | 조성훈 eBook
497 북한 대남침투도발사 | 이윤규 eBook
510 요하 문명(근간)
511 고조선왕조실록(근간)
512 고구려왕조실록 1(근간)
513 고구려왕조실록 2(근간)
514 백제왕조실록 1(근간)
515 백제왕조실록 2(근간)
516 신라왕조실록 1(근간)
517 신라왕조실록 2(근간)
518 신라왕조실록 3(근간)
519 가야왕조실록(근간)
520 발해왕조실록(근간)
521 고려왕조실록 1(근간)
522 고려왕조실록 2(근간)
523 조선왕조실록 1 | 이성무 eBook
524 조선왕조실록 2 | 이성무 eBook
525 조선왕조실록 3 | 이성무 eBook
526 조선왕조실록 4 | 이성무 eBook
527 조선왕조실록 5 | 이성무 eBook
528 조선왕조실록 6 | 편집부 eBook

(주)살림출판사
www.sallimbooks.com
주소 경기도 파주시 문발동 522-1 | 전화 031-955-1350 | 팩스 031-955-1355